LEARNINGEXPRESS SKILL BUILDERS

VOCABULARY & SPELLING SUCCESS

CON INSTRUCCIONES EN ESPAÑOL

Judith N. Meyers

Translated by Ricardo Villa

NEW YORK

Nota importante para nuestros lectores bibliotecarios.

Si tu has pedido prestado este libro a tu escuela o biblioteca, por favor no escribas nada en él. Usa un cuaderno para tus notas y para escribir tus respuestas, de esta manera otros lectores de tu biblioteca lo podrán usar. Gracias por tu ayuda y por tu consideración a otros lectores.

 Published in the United States by Learning Express, LLC, New York.

Library of Congress Cataloging-in-Publication Data:

Meyers, Judith N.

Vocabulary & spelling success : con instrucciones en Espanol / Judith N. Meyers.—1st ed.

p. cm.

ISBN 1-57685-358-6

1. English language—Textbooks for foreign speakers—Spanish. 2. English language—Orthography and spelling—Problems, exercises, etc. 3. Vocabulary—Problems, exercises, etc. I. Title: Vocabulary and spelling success. II. Title.

PE1129.S8 M4 2001

428.2'461—dc21

00-064083

Printed in the United States of America

9 8 7 6 5 4 3 2 1

First Edition

For more information or to place an order, contact LearningExpress at:

900 Broadway

Suite 604

New York, NY 10003

Or visit us at:

www.learnatest.com

CONTENTS

Introducción • Como usar este libro vi

Examen Previo 1

VOCABULARIO

Lección 1 • Escuchar y mirar las palabras 9
La conección entre el lenguaje para oír y el aprendizaje de nuevas palabras, palabras que no están escritas del modo que suenan.

Lección 2 • Dividiendo palabras para aprender más fácilmente 17
Diserniéndo palabras en sílabas, grupos de vocales y letras con la finalidad de pronunciarlas correctamente.

Lección 3 • Usando las raíces de las palabras 23
Uso de raíces griegas y latínas, estructuras de palabras.

Lección 4 • Más raíces 31
Aprendiéndo palabras partiendo de sus raíces.

Lección 5 • Prefijos que cambian el significado 37
Usando prefijos para reconocer los significados

Lección 6 • Sufijos que identifican 45
Usando sufijos que pueden identificar la parte del discurso de una palabra

Lección 7 • Usando pistas de contexto para figurar el significado de palabras 53
Palabras que proceden de otros lenguajes, pistas de contexto de definición y de contraste.

Lección 8 • Más pistas de contexto 61
Palabras que proceden de nombres de personas, lugares o eventos: ejemplos y reafirmaciones como pistas de contexto.

Lección 9 • Palabras procedentes del mundo laboral 69
Términos generales asociados con el trabajo.

Lección 10 • Nuevas palabras: Vocabulario emergente ? 77
Palabras nuevas procedentes de la computación y la tecnología de las comunicaciones, cómo continuar y agregar palabras nuevas a tu vocabulario.

ORTOGRAFÍA

Lección 11 • Entender la ortografía 85
Estrategias generales para mejorar la ortografía, reglas y excepciones para el uso de palabras que combinan las vocales: ie *y* ei

Lección 12 • Vocales truculentas 93
La ortografía de palabras con diferente combinación de vocales, lidiando con vocales silenciosas y palabras homófonas.

Lección 13 • Consonantes confuses 101
Problemas causados por consonantes silenciosas, consonantes dobles y consonantes que suenan como otras consonates.

Lección 14 • Finales truculentos 111
Reglas para eliminar o mantener la e'*s y la* y'*s finales, agragadas a los sufijos.*

Lección 15 • Problemas con plurales 119
Ortografía para palabras en plural que terminan en –f *o con una* –o *prolongada, letras, números y fechas.*

Lección 16 • Sufijos truculentos 127
Los sufijos –ence, -ance, -ible, -able, *y otros pares de sufijos problemáticos.*

Lección 17 • Poniéndo palabras juntas: prefijos, guiónes y palabras compuestas 133
Poniéndo palabras y partes de palabras juntas, reglas para usar guiónes, prefijos que cambian la forma y prefijos similares que tienen diferentes significados.

Lección 18 • Apóstrofes, abreviaciones y siglas 143
Reglas y excepciones, palabras procedentes de la medicina y la tecnología.

Lección 19 • Palabras nuevas: Aprendizaje y ortografía de vocabulario emergente 151
Vocabulario nuevo y emergente en ciencia, tecnología, negocios, política, sociedad y medios de comunicación.

Lección 20 • Revisión de vocabulario y ortografía 159
Problemas por lo comun tradicionales en ortografía, los diez errores ortográficos más frecuentes.

Evalución Final 167

Apéndice A • Como prepararte para una evaluación estandar 175

Apéndice B • Para estudio adicional 181

Author Biographies

Judith N. Meyers, M.A., is Director of the Two Together Tutorial Program in New York City and was formerly an adult education practitioner for the City University of New York. She lives in Staten Island, New York.

Ricardo Villa, M.A., was born in Mexico and is a native speaker of Spanish. His studies have included Spanish Literature and Cultural Journalism. He lives in New York City.

COMO USAR ESTE LIBRO

¡Palabras, palabras, palabras! Rodeándonos cada día. Mediante signos y sonidos, captan nuestros sentidos cuando leemos, escuchamos y conversamos diariamente. En la mayoria del tiempo, nosotros no pensamos mucho acerca de las palabras que usamos para expresar nuestros pensamientos y sentimientos. Ellas son gran parte de la manera en que vivimos. Sin embargo, no es hasta que buscamos por ellas al hablar o tratamos de recordar cómo se deletrean cuando, de manera excepcional, sentimos su ausencia.

Nosotros también estamos conscientes de las palabras cuando nos estamos preparando para exámenes como los que aplican el Servicio Civil, las escuelas y academias para ingresar a ellas, ya que en dichas pruebas generalmente se incluyen secciones dedicadas a vocabulario y ortografía.

¿Por Qué Evaluar el Vocabulario?

Nosotros usamos nuestro vocabulario—palabras que sabemos y el uso que le damos—para revelar lo que sabemos del mundo. Algunas personas aprenden la manera en que pensamos por medio del vocabulario que usamos. Así pues, una persona con amplio vocabulario es evaluada como alguien que posee un conocimiento avanzado de expresión personal. Por esta razón, los diseñadores de pruebas tratan de evaluar la manera en que las personas han absorbido el lenguaje de su cultura y la manera en que se expresan mediante el uso que hacen de las palabras. Ellos consiguen esto generalmente evaluando tanto el reconocimiento de palabras que son comúnes en tu cultura como el conocimiento de las diferentes maneras en que usas las palabras.

¿Cómo un Examen Estandard puede Evaluar Nuestra Ortografía?

Muchos de nosotros sentimos que deberíamos haber dejado atrás la ortografía en la escuela primaria, en esos viernes de examenes de ortografía. Tu puedes estar molesto, de que ya siendo adulto, tienes que vivir y lidiar con esto otra vez. Parte de la razón por la cual resentimos tener que lidiar con la ortografía, ya sea para una evaluación, en nuestro trabajo o en nuestra vida diaria, es que la escritura del lenguaje inglés es verdaderamente dificil. Nuestro lenguaje es visualmente confuso y potencialmente irregular. Sus reglas son generalmente rotas y hechas con excepciones. Por desgracia, las evaluaciones regularmente incluyen ortografía, porque nos guste o no, la gente es juzgada por la manera en que se expresan.

¿Cómo Usar Este Libro Para Mejorar tu Vocabulario y Ortografía?

Este libro está diseñado para estudiantes adultos quienes se estan preparando para tomar un examen o para mejorar sus habilidades en estas áreas para aplicarlas con otros propósitos. Este libro está diseñado como una guía que permita a adultos que están trabajando, como tu, a mejorar sus habilidades, estudiando unos 20 minutos al día.

Para obtener beneficios maximos de este libro, recomendamos lo siguiente:

- **Apropiate de este libro,** es decir, consúmelo, escribe, explóralo y habita en el; no se los pases a tus amigos. Para cuando lo hayas terminado, deberás tener tus huellas digitales en todas sus páginas y deberás sentir que has vivido en el todo el tiempo que lo usaste. Pero claro, si este libro está destinado para ser usado por otros, como lo es un ejemplar de biblioteca, no deberás escribir en el y tendrás que usar un cuaderno de apuntes.
- **Compra un marcador y un resaltador de texto.** Úsalos para contestar las páginas de ejercicio y para resaltar visualmente las partes claves del texto.
- **Adquiere un paquete de tarjetas de trabajo.** Resume lo más importante de cada lección y escribelo en las tarjetas. Llévalas contigo para estudiar cuando estes viajando al trabajo, formado en una fila y esperando tu turno para algo, durante tu comida, cuando tengas unos minutos extras o cuando en tu trabajo no haya mucho que hacer, emplea ese tiempo para estudiar.
- **Comparte con otros.** Alista un amigo o familiar para ser "tu colega de estudio" durante el mes que estes trabajando en el libro. Al completar cada lección, emplea otros minutos trabajando con tu colega. Así pues, al compartir tus estudios con alguien más estarás sorprendido de todo lo que recordarás.
- **Manten una lista de palabras claves** que se encuentren en el mundo real: en el trabajo, la televisión o en casa. Agrega a ellas las palabras que aprendas en esta lección. De esta manera el beneficio será doble tras haberlas usado durante los ejercicios en el libro y en la vida diaria.

Las primeras diez lecciones de este libro se enfocan a vocabulario. El resto se centra en la ortografía y el significado de la conjunción de varias palabras. Para empezar, desarrolla la autoevaluación de vocabulario de la siguiente página. Después trata otra evaluación, la pre-prueba, la cual te dará una idea de que clase de palabras son más dificiles para ti.

Autoevaluación de Vocabulario

Cada uno de nosotros tenemos tres maneras de usar el vocabulario en nuestros respectivos lenguajes que hablamos:

- Un vocabulario para hablar: compuesto por palabras y expresiones que usamos al comunicarnos diariamente.
- Un vocabulario para escuchar: integrado por palabras y expresiones que hemos escuchado, pero puede ser que nunca hemos usado.
- Un vocabulario para leer: formado por palabras y expresiones que hemos encontrado impresas, pero que quizás tampoco hemos escuchado o usado.

Una de las mejores maneras para incrementar tu vocabulario es hacer un esfuerzo consciente por incorporar palabras que has oído o leído en el vocabulario que usas al hablar, aún aquellas que todavía no entiendas. Para ver como estas utilizando tus tres vocabularies, desarrolla la autoevaluación siguiente.

AUTOEVALUACIÓN

De las siguientes oraciones selecciona y marca las que describan tus habitos en cuanto tu vocabulario.

______ **1.** Cuando hablo me siento seguro de expresarme claramente.

______ **2.** En ocasiones, me siento incómodo cuando se lo que quiero decir, pero no encuentro la palabra correcta.

______ **3.** Me doy cuenta de palabras escritas que desconozco y me pregunto por su significado.

______ **4.** Algunas veces me cruzo con palabras escritas que desconozco y siento que debería conocerlas.

______ **5.** Recuerdo palabras que se me presentaron en concursos, pruebas y evaluaciones en la escuela.

______ **6.** Si escribo palabras nuevas las puedo aprender.

______ **7.** Si me encuentro con palabras desconocidas las busco en el diccionario.

______ **8.** Si me encuentro con palabras desconocidas, le pregunto a alguien que me diga su significado.

______ **9.** Si oigo una palabra desconocida en una conversación o en la televisión, le pregunto a alguien que me diga su significado.

______ **10.** Si me encuentro con palabras desconocidas, generalmente me siento apenado de preguntar por su significado.

Tus respuestas a estas opciones deben darte una idea tanto de cómo te sientes al usar tu vocabulario como de la aplicación que le das.

Existen tres maneras de aprender vocabulario:

- Por medio de los sonidos de las palabras
- Por medio de la estructura de las palabras
- Por medio del contexto en que se encuentra una palabra y de la aplicación que se le da

Para aprender y recordar palabras, podemos aplicar un proceso que consiste de tres pasos:

1. Preguntate a tí mismo: ¿He escuchado antes esta palabra? Si no, preguntate:
2. ¿Alguna parte de esta palabra me es familiar? Si no, preguntate:
3. ¿ Cómo está empleada esta palabra en la oración que leí o escuche?

Cada lección de este libro presenta una lista de palabras para que las uses en este proceso. Primero, puedes ver si reconoces las palabras por su sonido o su escritura. Después, para ayudarte a adivinar su significado, obtendrás las palabras en el contexto descritas durante una oración o algún párrafo. De esta manera encontrarás que tu ya sabes algunas palabras y muchas más las aprenderás en el transcurso de cada lección.

PRE-EVALUACIÓN DE VOCABULARIO Y ORTOGRAFÍA

Antes de empezar a estudiar el vocabulario y la ortografía, puede ser que quieras tener una idea de que tanto ya sabes y cuanto más necesitas aprender. Si este es tu caso, toma esta pre-evaluación en este capítulo.

La pre-evaluación consiste de 50 preguntas de opción múltiple, 25 palabras de vocabulario y 25 palabras para deletrear que encontrarás más adelante en este libro. Naturalmente, pocas de ellas están incluidas en la evaluación. Aún si tu no respondes todas las preguntas correctamente, es casi seguro que hallarás pocas palabras en este libro que aún no conocías. Por otro lado, si en la pre-evaluación hay palabras que tu dificilmente sabes, no te desesperes. A reserva de algunas palabras no incluidas en este libro, tu encontrarás unas pocas palabras que ya te son familiares y que te harán el libro más fácil de seguir.

Así pues, usa esta pre-evaluación sólo para tener una idea de cuanto ya sabes de este libro. Si tu resultado es excelente, podrás invertir menos tiempo del que originalmente te planteaste. Pero si tu resultado es bajo, quizás hallarás que necesitas más de 20 minutos diarios para desarrollar los ejercicios y aprender las palabras de cada capítulo.

En la siguiente página hay una hoja de respuestas que puedes usar para contestar la pre-evaluación. Si el libro no te pertenece, en una hoja en blanco marca los números del 1 al 50 y marca tus respuestas allí. Emplea todo el tiempo necesario para esta evaluación corta. Cuando finalices la prueba compara tus respuestas con las del libro. Cada respuesta te dirá que lección consultar para cada palabra que desees estudiar.

LearningExpress Vocabulary & Spelling Answer Sheet

1.	ⓐ	ⓑ	ⓒ	ⓓ
2.	ⓐ	ⓑ	ⓒ	ⓓ
3.	ⓐ	ⓑ	ⓒ	ⓓ
4.	ⓐ	ⓑ	ⓒ	ⓓ
5.	ⓐ	ⓑ	ⓒ	ⓓ
6.	ⓐ	ⓑ	ⓒ	ⓓ
7.	ⓐ	ⓑ	ⓒ	ⓓ
8.	ⓐ	ⓑ	ⓒ	ⓓ
9.	ⓐ	ⓑ	ⓒ	ⓓ
10.	ⓐ	ⓑ	ⓒ	ⓓ
11.	ⓐ	ⓑ	ⓒ	ⓓ
12.	ⓐ	ⓑ	ⓒ	ⓓ
13.	ⓐ	ⓑ	ⓒ	ⓓ
14.	ⓐ	ⓑ	ⓒ	ⓓ
15.	ⓐ	ⓑ	ⓒ	ⓓ
16.	ⓐ	ⓑ	ⓒ	ⓓ
17.	ⓐ	ⓑ	ⓒ	ⓓ
18.	ⓐ	ⓑ	ⓒ	ⓓ
19.	ⓐ	ⓑ	ⓒ	ⓓ
20.	ⓐ	ⓑ	ⓒ	ⓓ
21.	ⓐ	ⓑ	ⓒ	ⓓ
22.	ⓐ	ⓑ	ⓒ	ⓓ
23.	ⓐ	ⓑ	ⓒ	ⓓ
24.	ⓐ	ⓑ	ⓒ	ⓓ
25.	ⓐ	ⓑ	ⓒ	ⓓ
26.	ⓐ	ⓑ	ⓒ	ⓓ
27.	ⓐ	ⓑ	ⓒ	ⓓ
28.	ⓐ	ⓑ	ⓒ	ⓓ
29.	ⓐ	ⓑ	ⓒ	ⓓ
30.	ⓐ	ⓑ	ⓒ	ⓓ
31.	ⓐ	ⓑ	ⓒ	ⓓ
32.	ⓐ	ⓑ	ⓒ	ⓓ
33.	ⓐ	ⓑ	ⓒ	ⓓ
34.	ⓐ	ⓑ	ⓒ	ⓓ
35.	ⓐ	ⓑ	ⓒ	ⓓ
36.	ⓐ	ⓑ	ⓒ	ⓓ
37.	ⓐ	ⓑ	ⓒ	ⓓ
38.	ⓐ	ⓑ	ⓒ	ⓓ
39.	ⓐ	ⓑ	ⓒ	ⓓ
40.	ⓐ	ⓑ	ⓒ	ⓓ
41.	ⓐ	ⓑ	ⓒ	ⓓ
42.	ⓐ	ⓑ	ⓒ	ⓓ
43.	ⓐ	ⓑ	ⓒ	ⓓ
44.	ⓐ	ⓑ	ⓒ	ⓓ
45.	ⓐ	ⓑ	ⓒ	ⓓ
46.	ⓐ	ⓑ	ⓒ	ⓓ
47.	ⓐ	ⓑ	ⓒ	ⓓ
48.	ⓐ	ⓑ	ⓒ	ⓓ
49.	ⓐ	ⓑ	ⓒ	ⓓ
50.	ⓐ	ⓑ	ⓒ	ⓓ

PRE-EVALUACIÓN

PARTE 1: VOCABULARIO

Selecciona la palabra más apropiada para cada oración y escribela sobre la línea marcada.

1. During the long, boring days of summer, Mary is overcome by a sense of __________.

a. catastrophe
b. bedlam
c. ennui
d. utopia

2. The campers agreed to __________ in the forest at midnight.

a. rendezvous
b. deposition
c. filibuster
d. rectify

3. The best way to avoid __________ is to provide educational opportunities to inmates.

a. secession
b. recidivism
c. litigation
d. prosecution

4. The __________ president differs from the past president on the issue of welfare reform.

a. loquacious
b. consummate
c. ersatz
d. incumbent

5. The __________ data supports the belief that there has been an increase in population.

a. nominal
b. demographic
c. pragmatic
d. nocturnal

Selecciona la palabra que tenga el mismo o casi el mismo significado de la palabra subrayada en cada oración.

6. Jerry liked to <u>antagonize</u> his classmates by answering the most difficult questions.

a. impress
b. sympathize with
c. irritate
d. condescend to

7. Anna went <u>incognito</u> to the dance.

a. in disguise
b. without a date
c. formally dressed
d. casually dressed

8. Upon being introduced, the <u>urbane</u> gentleman actually bowed to the hostess.

a. foreign
b. handsome
c. tricky
d. sophisticated

9. If I were more <u>gregarious</u>, my dinner parties would flow more smoothly.

a. thoughtful
b. sociable
c. beautiful
d. opinionated

10. The sister tried to <u>circumvent</u> the issue by pointing out her brother's many failings.

a. get above
b. intensify
c. bring into the open
d. go around

Selecciona la palabra que signifique lo contrario (antónimo) de las palabras enunciadas a continuación:

11. malevolent
a. feminine
b. kind
c. nonviolent
d. lucky

12. furtive
a. hard working
b. lazy
c. open
d. periodic

13. dilettante
a. studied expert
b. leader
c. backup singer
d. mistress of ceremonies

Selecciona la palabra que signifique casi lo mismo (sinónimo) de las palabras enunciadas a continuación:

14. caveat
a. peace offering
b. appetizer
c. warning
d. excuse

15. parity
a. equality
b. mimicry
c. style of belief
d. current trend

16. pundit
a. private joke
b. expert
c. diplomat
d. folk dance

17. narcissistic
a. having an addictive personality
b. having a narcotic effect
c. self-absorbed
d. witty

18. mesmerize
a. to reign over others
b. to record in prose
c. to memorialize
d. to fascinate

19. prospectus
a. published business plan
b. the outlook from a mountain top
c. opening speech
d. professional playing field

20. fiscal
a. official
b. stated
c. financial
d. faithful

Selecciona las palabras que expresen y definan lo más cercano las descripciones dadas a continuación:

21. the specialized vocabulary of an industry or interest group
a. cybernetics
b. propaganda
c. oratory
d. jargon

22. a small picture that identifies an application or file on a computer
a. icon
b. imprint
c. window
d. pictogram

23. devices connected to computers to allow additional functions
a. amalgams
b. peripherals
c. consortia
d. glossaries

24. one who commits a crime
a. gazetteer
b. instigator
c. perpetrator
d. tactician

25. a barrier or hindrance
a. impediment
b. luminary
c. barrister
d. cartel

PARTE 2: ORTOGRAFÍA

Selecciona la palabra escrita correctamente.

26. a. percieve
b. achieve
c. reciept
d. hygeine

27. a. prevale
b. paysley
c. porcelin
d. nuisance

28. a. knarled
b. fraut
c. blight
d. alite

29. a. amusment
b. grievious
c. eroneous
d. desirable

30. a. potatos
b. vidios
c. pianos
d. tobaccoes

Escoge la palabra escrita correctamente para cada una de las siguientes oraciones:

31. Spike was the most __________ dog you could ever wish for.
a. amicable
b. amiciable
c. amicabel
d. amikable

32. If you're going to borrow money from a bank, you're going to need __________.
a. colatural
b. colateral
c. collateral
d. colaterel

33. If the __________ epidemic is to be defeated, Congress must provide sufficient funding.
a. AIDs
b. aids
c. ADES
d. AIDS

34. The term denoting money paid to support a former partner in a non-marital relationship is "__________."

a. pall-amony
b. pallomony
c. palamony
d. palimony

35. Lorraine used her __________ to make the cutest video of her son Paul.

a. kamkorder
b. camcorder
c. kamcorder
d. camcordor

Escoge la opción correcta en cada una de las siguientes oraciones:

36. Al and Jane each hired attorneys, and together, the __________ added up to over $10,000!

a. lawyer's bills
b. lawyers' bills'
c. lawyers' bills
d. lawyers bills

37. The county commissioners said __________ going to discuss the taxation issue at the meeting next week.

a. they're
b. there
c. thei'r
d. their

38. I wish the administration would make a __________ to hire only the best teachers.

a. commentment
b. commitment
c. comitment
d. comittment

39. Superman was nearly __________, but not quite.

a. invincible
b. invincable
c. invensible
d. invencibel

40. There are over a dozen markers from the Civil War period in that southern Kentucky __________.

a. semetary
b. cemetery
c. cemetary
d. semetery

Selecciona la palabra escrita correctamente:

41. a. kercheifs
b. kerchieves
c. kercheivs
d. kerchiefs

42. a. gauranteing
b. guaranteeing
c. gauranteeing
d. guaranteing

43. a. indict
b. indeight
c. indite
d. indight

44. a. boundery
b. boundary
c. boundry
d. boundrie

45. a. surveylance
b. surveillance
c. surveilance
d. surveliance

46. a. liesure
b. leishur
c. leeshur
d. leisure

47. a. mathematics
b. mathmatics
c. mathmatiks
d. mathamatics

48. a. dessent
b. desent
c. descent
d. diccent

49. a. anoyanse
b. annoyanse
c. annoyance
d. anoyance

50. a. curiculums
b. curiculas
c. curriculumns
d. curricula

RESPUESTAS CORRECTAS:

Si fallaste en alguna respuesta, puedes encontrar la ayuda correspondiente en las lecciones que se indican a lado de cada respuesta.

PART 1: VOCABULARIO

1. c. Lección 1
2. a. Lección 1
3. b. Lección 2
4. d. Lección 2
5. b. Lección 3
6. c. Lección 3
7. a. Lección 3
8. d. Lección 4
9. b. Lección 4
10. d. Lección 5
11. b. Lección 5
12. c. Lección 6
13. a. Lección 7
14. c. Lección 7
15. a. Lección 6
16. b. Lección 7
17. c. Lección 8
18. d. Lección 8
19. a. Lección 9
20. c. Lección 9
21. d. Lección 9
22. a. Lección 10
23. b. Lección 10
24. c. Lección 2
25. a. Lección 4

PART 2: ORTOGRAFÍA

26. b. Lección 11
27. d. Lección 12
28. c. Lección 13
29. d. Lección 14
30. c. Lección 15
31. a. Lección 16
32. c. Lección 17
33. d. Lección 17
34. d. Lección 19
35. b. Lección 19
36. c. Lección 18
37. a. Lección 18
38. b. Lección 17
39. a. Lección 16
40. b. Lección 16
41. d. Lección 15
42. b. Lección 14
43. a. Lección 13
44. b. Lección 12
45. b. Lección 11
46. d. Lección 11
47. a. Lección 12
48. c. Lección 13
49. c. Lección 14
50. d. Lección 15

L · E · C · C · I · Ó · N 1

ESCUCHAR Y MIRAR LAS PALABRAS

SUMARIO DE LA LECCIÓN

Esta lección te muestra cómo escuchar las palabras, cómo sondear o pronunciar palabras desconocidas y cómo pronunciar aquellas que no sueñan como están escritas.

Nosotros primero aprendimos como hablar oyendo a otros hablar. Repetimos los sonidos que oimos y gradualmente asociamos su significado con el sonido que hacemos. Es por eso que el sonido de nuevas palabras es de mucha ayuda en el proceso para aprenderlas. Después, cuando nosotros asistimos a la escuela logramos aprenderlas gracias al uso de la fonética. Fonética se refiere al sistema de sonidos que hacemos al pronunciar las letras.

Para aprender a leer y saber lo que significan algunas palabras es necesario aprender tanto el sonido de las letras por si mismas como el sonido que forman al ser combinadas. Desafortunadamente la lengua inglesa está llena de palabras que no suena igual de como están escritas. Algunos de los ejemplos más claros son: *Wednesday* (pronunciado *Wendsday* no *Wednesday*); business (pronunciado *bizness,* no *bus-i-ness*) and *said* (pronunciado *sed,* no *say-id*).

Así que no siempre puedes contra con la ayuda de la fonética para aprender nuevas palabras. Como por ejemplo la palabra *hyperbole,* si la enuncias fonéticamente suena como *hyperbowl.* Sólo si tu escuchas la palabra sabes que su sonido es como *high-PER-bowl-ee.*

Aqui estan algunas estrategias para prender palabras desconocidas, inusuales y que son afonéticas, es decir, se pronuncian diferente de como están escritas.

1. Escucha cuidadosamente el sonido de las palabras que oigas.
2. Aprende a interpretar como deletrear fonéticamente algunas palabras cuando busques sus significados.
3. Aprende como desglozar palabras en sílabas, de tal manera que puedas oír las partes de la palabra que contienen su significado.

Tu aprenderás los pasos 1 y 2 en esta lección y el paso 3 en la lección 2; pasos que en conjunto usarás en todo el libro.

Trabajando con la Lista de Palabras

DE VISTA

Aquí hay una lista de palabras que serían difíciles de expresar o pronunciar sólo por su fonética. Ya que contienen una serie de letras combinadas que son fonéticamente irregulares. Señala con una marca a lado de cada palabra, aquellas que puedas identificar "de vista".

blasé	malign
bourgeois	naive
catastrophe	passé
chaotic	potpourri
cliché	précis
debut	psyche
ennui	rendezvous
epitome	slough
feign	thorough
gauche	villain

Número de palabras que conoces de vista: _____

POR SONIDO

Si tu no reconoces una palabra "de vista", el siguiente paso es tratar de pronunciarla y leerla fonéticamente. Deletrear fonéticamente es pronunciar una palabra para revelar y saber su sonido: caso contrario de la manera general de deletrear o pronunciar una palabra. Muchos de los diccionarios escriben el deletreo fonético enseguida de cada palabra.

Aquí hay algunos de los símbolos fonéticos más comunes que son usados en los diccionarios para mostrar el sonido de las letras y de sus combinaciones.

- La señal *schwa* (escrita como una *e* colocada de cabeza) que expresa una vocal neutra dice "*uh*".
  Ejemplos:
  Agent usa la señal schwa en la segunda sílaba: *a-gənt.*
  Sofa también utiliza la señal schwa: *so-fə.*
- La designación de vocales cortas (pronunciación corta) y vocales largas: una línea sobre una letra indica una vocal larga (pronunciación prolongada) (ā, ē, ī, ō, ū); una curva sobre la letra indica una vocal corta (pronunciación breve) (ă, ĕ, ĭ, ŏ, ŭ).
  Ejemplos:
  Vocales largas "dicen sus propios nombres": *āble, ēagle, īce, nōte, fūse.*
  Vocales cortas tienen otros sonidos: *ăpple, ĕgg, ĭgloo, ŏctopus, ŭmbrella.*

La ortografía fonética de esta lección se enlista a continuación. Esta ortografía no usa los mismos símbolos que el diccionario usa: este es un sistema simple basado en tu conocimiento de palabras comunes. La acentuación de sílabas están en letras mayúsculas. Señala con una marca las palabras que sabes de sonido.

blasé	*blah-ZAY*
bourgeois	*BOOR-zhwah*
catastrophe	*kat-AS-trə-fee*

chaotic	*kay-OT-ik*
cliché	*klee-SHAY*
debut	*day-BYOO*
ennui	*on-WE*
epitome	*e-PIT-ə-mee*
feign	*FANE*
gauche	*GOESH*
malign	*mə-LINE*
naive	*nah-EVE*
passé	*pass-AY*
potpourri	*poe-poor-EE*
précis	*PRAY-see*
psyche	*SIGH-kee*
rendezvous	*RON-day-voo*
slough	*SLUF*
thorough	*THOR-oh*
villain	*VILL-en*

Número de palabras que reconoces por sonido: ______

POR CONTEXTO

Excepto por la lista de vocabulario, tu no encuentras palabras por si mismas. Ellas están rodeadas por otras que le proporcionan su concepto. El contexto te da una pista del significado de la palabra. Aquí está otra aportación a la lista de las palabras de hoy, esta vez con el contexto escrito.

The past twenty years have seen the emergence of a dread new **villain** in the American **psyche.** The rise of the so-called "drug lords" has been seen as being responsible for the **catastrophes** of drug-addicted infants, battle-scarred neighborhoods, and spiraling crime rates. The traffic in dangerous drugs has spread a **malign** spirit over the childhood of inner-city children, whose lives are often compromised by **chaotic** home lives, broken families, and failing systems designed to protect them. Prompted by these outrages, citizens have called for a **thorough** review of statutes that enable the prosecution of distributors and sellers of illegal drugs and have encouraged long sentences for those who contribute to the spread of this terrible **plague** of drug addiction. We cannot **slough** off our responsibilities for curbing these agents of destruction, who represent the **epitome** of danger to our communities. We cannot afford to be **blasé** about this threat.

The rise of the middle class has made **bourgeois** values paramount in most of American society.

The **potpourri** filled the house with a spicy fragrance.

The young women made their society **debut** at the annual Holiday Ball.

Nehru jackets and love beads are **passé** as fashion trends today.

The late afternoon heat filled the students with an uncomfortable sense of **ennui**.

The teenager felt **gauche** in the company of a more sophisticated crowd.

Despite her brave face, she could not **feign** any real pleasure at the outcome of the election.

The freshman Congressman showed how politically **naive** he was when he heeded the advice of the wily senior senator.

The lovers planned a **rendezvous** away from the city and prying eyes.

The news writer came to rely on journalistic **clichés** that weakened the vivid language on which his reputation rested.

Ahora agrega las palabras que sabes por su sentido y su contexto a las que conoces de vista y por su sonido.

Número de palabras que reconoces: _____

Este resultado total deberá probarte que con más acercamientos que tu hagas para decodificar una palabra, mejor oportunidad tendrás de descubrir su significado. Un ejemplo más concreto de esto lo encuentras tratando de hallar una casa particular en un vecindario nuevo. Si tu tienes un mapa de las calles, la descripción de la casa y una lista de puntos de referencia tendrás una búsqueda mucha más fácil que si sólo tuvieras la dirección.

DEFINICIONES

Abajo encontrarás el significado de las palabras de esta lección. Ve cuantas identificas correctamente.

blasé: apparently uninterested
bourgeois: middle class
catastrophe: a violent upheaval or great misfortune
chaotic: in a state of confusion or uproar
cliché: an outworn or trite expression
debut: a first appearance in society or in a performance
ennui: boredom, feeling of fatigue
epitome: the highest example of something
feign: pretend
gauche: awkward, immature, ill at ease
malign: 1) deliberately evil; 2) to speak evil of another
naive: innocent, without guile
passé: outdated, old fashioned
potpourri: a mixture, usually of exotic spices and other materials, that gives a pleasant scent
précis: a shortened version of an essay or article
psyche: the human soul
rendezvous: a prearranged meeting, often of a secret nature
slough: 1) to shed, as a skin; 2) to ignore
thorough: complete
villain: an evildoer

PRÁCTICA

Desarrolla primero los dos ejercicios de abajo. Compara tus respuestas con la hoja de respuestas correctas que se encuentra al final de la lección. Si tu resultado es del 80 porciento o mejor, ve directo a la sección de la Práctica de Evaluación. Pero si fue menor del 80 porciento o tuviste 2 respuestas incorrectas en cada ejercicio, realiza el ejercicio 3 como práctica adicional.

EJERCICIO 1

Identifica las palabras de la primera columna con las definiciones de la segunda columna.

_____ **1.** villain
_____ **2.** passé
_____ **3.** ennui
_____ **4.** gauche
_____ **5.** chaotic
_____ **6.** rendezvous
_____ **7.** debut
_____ **8.** psyche
_____ **9.** slough
_____ **10.** cliché

a. a secret meeting
b. a first appearance
c. an outworn expression
d. an evildoer
e. middle class
f. awkward, ill at ease
g. to ignore
h. boredom, fatigue
i. in a state of great confusion
j. the human soul
k. old fashioned

Resultado del ejercicio 1: _____

EJERCICIO 2

Coloca la palabra correcta sobre la línea marcada en cada oración.

11. The candidate did everything he could to __________ his opponent and cast doubt on his character.

12. For the first assignment, the professor demanded that students write a __________ of a lengthy essay.

13. She pretended to be __________ about her upcoming performance, but secretly she was very excited.

14. She tried to __________ ignorance of her friend's whereabouts but eventually had to confess that she knew where she had hidden.

15. Beneath her sophisticated appearance, she was basically __________ about the modeling business.

16. He looked like the __________ of a college professor in his tweed jacket and horn-rimmed glasses.

17. Famine has brought __________ to a number of countries.

18. The mayor ordered a __________ review of all union hiring practices.

19. We tend to think of __________ values as being concerned with making money and aspiring to move up in the world.

20. The scent of __________ made the house smell like a garden in the midst of harsh winter weather.

Resultado del ejercicio 2: _____

Si tu resultado fue del 80 porciento (8 respuestas correctas) en ambos ejercicios, sáltate el ejercicio 3 y realiza la Práctica de la Evaluación . Pero si fue menor del 80 porciento en cualquiera de los dos ejercicios realiza el ejercicio 3 como práctica adicional.

EJERCICIO 3

Marca como falso o verdadero las siguientes afirmaciones de acuerdo al significado de las palabras subrayadas.

______**21.** A naive person would be easily influenced by more knowledgeable people.

______**22.** A feeling of ennui is a feeling of joy and well being.

______**23.** A gauche person would be valued as a dinner guest.

______**24.** A thorough cleaning would leave little to be finished up later.

______**25.** A cliché is an expression you have probably heard before.

______**26.** A précis gives just the outline or main ideas of a piece of writing.

______**27.** The most up-to-date fashions would be considered passé.

______**28.** If you slough off a problem, you have probably solved it.

______**29.** If you malign someone, that person would probably feel complimented.

______**30.** Severe flooding in the Midwest would probably be a catastrophe for most farmers there.

Resultado del ejercicio 3: _____

EXAMEN PRÁCTICO

Marca un circulo la respuesta que signifique lo *contrario* de las palabras a continuación.

31. passé
a. adequate
b. modern
c. old fashioned
d. worn out

32. chaotic
a. confused
b. fast moving
c. excusable
d. orderly

33. thorough
a. minimal
b. thoughtful
c. expensive
d. complete

34. ennui
a. joy
b. tiredness
c. energy
d. effort

35. villain
a. hero
b evildoer
c. criminal
d. soldier

36. gauche
a. awkward
b. silly
c. sophisticated
d. beautiful

37. feigned
a. pretended
b. was genuine
c. was unconscious
d. was surprised

38. malign
a. poisonous
b. speak ill of
c. praise
d. blame

39. naive
a. innocent
b. religious
c. wise
d. careful

40. bourgeois
a. management
b. middle class
c. criminal
d. poor

EJERCICIO FINAL

Escoge 10 palabras que sean nuevas en tu vocabulario o que pienses que son importantes ahora. Enseguida escribe 5 de ellas en oraciones.

____

____

____

____

____

Escribe las otras 5 palabras y su definición en tarjetas de trabajo. Esto será el principio de tu lista de palabras para este libro. Revisa tus tarjetas cuando tengas tiempo disponible durante el día y trata de usar las palabras durante tus conversaciones y en tus escritos.

Tu también puedes agregar a tus tarjetas cualquier palabra de interés con la que te cruces cuando estes leyendo periódicos, libros y revistas o cuando estes escuchando el radio, la televisión o una conversación personal.

Técnicas Adquiridas

Abre tu diccionario en cualquier página. Usa la pronunciación fonética para pronunciar varias palabras. Estate seguro de mirar tanto las palabras que sabes como las que no. De esta manera, si continuas haciendolo suficiente, tu deberás empezar a notar algunas reglas en ortografía y pronunciación.

Selecciona algunas palabras que sepas como pronunciar y deletrear, y escríbelas fonéticamente; esto también te ayudará a notar algunas reglas en ortografía y pronunciación.

Respuestas

EJERCICIO 1

1. d
2. k
3. h
4. f
5. i
6. a
7. b
8. j
9. g
10. c

EJERCICIO 2

11. malign
12. précis
13. blasé
14. feign
15. naive
16. epitome
17. catastrophe
18. thorough
19. bourgeois
20. potpourri

EJERCICIO 3

21. true
22. false
23. false
24. true
25. true
26. true
27. false
28. false
29. false
30. true

EXAMEN PRÁCTICO

31. b
32. d
33. a
34. c
35. a
36. c
37. b
38. c
39. c
40. d

L · E · C · C · I · Ó · N 2

DIVIDÉNDO PALABRAS PARA APRENDER MÁS FÁCILMENTE

SUMARIO DE LA LECCIÓN

En esta lección, tu verás como al dividir palabras en sílabas puede ayudarte a reconocer palabras que al principio parecían desconocidas.

Cuando nosotros aprendimos a leer, muchos de nosotros por el sonido de las sílabas de las palabras. La o las sílabas son las partes de las palabras que expesan o contienen sonidos formadas de diferentes letras. Cada sílaba debe tener el sonido de una vocal. Dicho sonido puede estar compuesto por más de una letra vocal. En momento dado, en la palabra *arraignment* (pronunciada *ar-rain-ment*), la *a* y la *i* juntas forman un sonido prolongado de la *a.* (La *g* es muda.)

Dividir palabras en sílabas es una de las mejores estrategias para ver si una palabra está en tu vocabulario como escucha o de lector. Esto también ayuda a dividir y conquistar palabras largas.

Reglas para Dividir Palabras en Sílabas

Aquí están un par de reglas rápidas para divir palabras en sílabas:

1. Divide consonants dobles: *ham-mock.*
2. Divide después de prefijos y antes de sufijos: *in-vest-ment.*

Si ya tienes alguna idea de cómo suena una palabra, la puedes dividir de acuerdo al sonido de los vocales:

3. Divide después de una vocal, si ésta tiene un sonido prolongado: *so-lar.*
4. Divide después de una consonante, si el sonido de la vocal es breve: *pris-on.*

Trabajando con la Lista de Palabras

DE VISTA Y DE SONIDO

Aquí están algunas palabras que pueden ser pronunciadas por sus sílabas. Estas palabras son utilizadas en disciplinas concernientes a leyes, negocios y el gobierno, las cuales las hallarás en evaluaciones para obtener trabajo en estos ambitos. Dichas palabras mejororán tu habilidad para entender sucesos actuales. Marca con una señal las palabras que conozcas de vista.

accessory	litigation
affidavit	negligence
amnesty	perpetrator
cartel	probate
currency	prosecution
deposition	recidivism
depreciation	referendum
filibuster	revenue
incumbent	secession
inventory	subsidy

Número de palabras que conoces de vista: _____

Ahora divide todas las palabras en sílabas usando la guía de abajo y marca con una señal las palabras que conozcas por su sonido.

Número de palabras que conoces por su sonido: ______

POR CONTEXTO

Ahora lee las palabras en su contexto. Ve cuantas palabras sabes por la manera en que estan usadas en las oraciones y párrafos, regresa a tu lista de palabras y señala las que ahora reconoces.

Prosecutors were clearly concerned by the **recidivism** rate in the state prisons. They had many **affidavits** and **depositions** confirming that too many **perpetrators** of serious crimes were returning to the courts with second and third offenses. They urged the state to call a **referendum** to increase the **subsidy** to the prison system that would allow more **revenue** to support the costs of keeping criminals in jail. Many applauded these efforts to reduce the incidence of "turnstile justice."

The legislature passed the measure in spite of the long **filibuster** by the downstate lawmaker.

The state legislature refused to consider the **secession** of Staten Island from the City of New York.

The draft dodgers requested **amnesty** from prosecution if they reentered the country.

Incumbent legislators almost always have an advantage over their challengers in elections.

The will was sent to the courts for **probate.**

Our tax laws allow us to account for yearly **depreciation** of some property.
The merchant keeps track of his **inventory** on his computer.

The store was accused of **negligence** because it failed to remove all ice from the sidewalk. It was subsequently involved in lengthy and expensive **litigation.**

Though not involved directly, the man's wife was accused of being an **accessory** in the crime.

Cash **currency** allows for direct sale between two parties.

The oil **cartel** controls the market price of petroleum.

Ahora agrega las palabras que reconoces por su contexto a las que identificaste de vista y por su sonido.

Número total de palabras que tu sabes: _____

DEFINICIONES

Aquí están las palabras divididas en sílabas seguidas de su significado:

accessory (*ak-SESS-uh-ree*): one who assists in the commission of a crime
affidavit (*af-fuh-DAY-vit*): a signed statement in a legal proceeding
amnesty (*AM-nes-tee*): general pardon by a government
cartel (*kar-TEL*): an international business association
currency (*KUR-ren-see*): money in circulation
deposition (*dep-uh-ZI-shun*): signed testimony by someone who will not or cannot appear in court
depreciation (*dee-pree-shee-AY-shun*): decline in value
filibuster (*FIL-uh-bus-ter*): a long speech designed to delay legislative action
incumbent (*in-CUM-bent*): currently serving in office
inventory (*IN-ven-to-ree*): goods currently in stock
litigation (*lit-i-GAY-shun*): lawsuits
negligence (*NEG-li-gence*): failure (usually, failure to protect)
perpetrator (*PER-pi-tray-ter*): one who commits a crime
probate (*PROH-bate*): certification of a will
prosecution (*pros-i-KYOO-shun*): the act of bringing an offender before the law
recidivism (*re-CID-uh-viz-um*—note that the *ism* ending is heard as if it had a vowel): repeated criminal behavior
referendum (*ref-uh-REN-dum*): a vote directly by the people
revenue (*REV-uh-noo*): income (often a government's income from taxes)
secession (*se-SESH-un*): a breaking away of one part of a government unit for the purpose of becoming politically independent
subsidy (*SUB-si-dee*): money given in support of a cause or industry

PRÁCTICA

Completa los ejercicos de abajo. Compara tus respuestas con las que están al final de la lección. Si tu resultado fue menor del 80 porciento en cualquier ejercicio, realiza el ejercico 3 para practicar más.

EJERCICIO 1

Iguala las palabras de la primera columna con las de la segunda, de acuerdo a su defnición.

______ **1.**	amnesty	**a.**	signed statement in court
______ **2.**	currency	**b.**	income
______ **3.**	probate	**c.**	international trade association
______ **4.**	referen-dum	**d.**	a national business alliance
______ **5.**	subsidy	**e.**	decline in value
______ **6.**	revenue	**f.**	one who commits a crime
______ **7.**	perpetra-tor	**g.**	financial support
______ **8.**	cartel	**h.**	money in circulation
______ **9.**	deprecia-tion	**i.**	certification of a will
		j.	a general pardon
______**10.**	affidavit	**k.**	a vote by the people

Resultado del ejercicio 1: ______

EJERCICIO 2

Utiliza las palabras del día de hoy para acompletar los espacios blanco.

11. A lawsuit brought against someone is called __________.

12. A failure to guard adequately against an accident is called __________.

13. A leader currently in office is called a(n) __________.

14. When the same people repeatedly commit crimes, that's called __________.

15. A long speech meant to delay action on a bill in a legislative body is called a __________.

16. The breaking away of one part of a country or community is called __________.

17. A sworn statement by someone who will not be present in court is called a(n) __________.

18. The goods currently stocked by a business are called its __________.

19. One who assists in the commission of a crime is called a(n) __________.

20. The process by which wrongdoers are brought to court is called __________.

Resultado del ejercicio 2: ______

EJERCICIO 3

Señala como falso o verdadero las siguientes oraciones de acuerdo a las palabras subrayadas.

_____ **21.** People who receive amnesty are protected from prosecution.

_____ **22.** An incumbent president is a newcomer to the office.

_____ **23.** A sworn statement by someone who is unavailable to the court is an affidavit.

_____ **24.** Taxes contribute revenue to the government.

_____ **25.** Recidivism is the rate of conviction in the court system.

_____ **26.** Depreciation refers to added value of property over a period of time.

_____ **27.** A legislator will filibuster in order to delay action on a bill.

_____ **28.** A referendum is a vote taken in Congress.

_____ **29.** A perpetrator is someone who commits the same crime repeatedly.

_____ **30.** Currency refers to newly printed money.

Resultado del ejercicio 3: _____

EJERCICIO FINAL

Escoge 10 palabras de la lista de hoy. Escribe 5 oraciones con ellas en el espacio de abajo. Las otras 5 escribelas en tarjetas de trabajo con su definición y agregalas a tu lista general de palabras.

____

____

____

____

____

Técnicas Adquiridas

Escoge 1 o 2 oraciones de esta lección o de algún texto que hayas leído y divide las palabras en sílabas. Consulta el diccionario para verificar que lo hiciste correctamente.

Escoge un artículo de la página central del *New York Times* o de cualquier otro periódico, identifica las palabras que te sean desconocidas y agregalas a tu lista de vocabulario. Antes de buscar su significado, dividelas fonéticamente. Después escribelas en tus propias oraciones.

Respuestas

Ejercicio 1

1. j
2. h
3. i
4. k
5. g
6. b
7. f
8. c
9. e
10. a

Ejercicio 2

11. litigation
12. negligence
13. incumbent
14. recidivism
15. filibuster
16. secession
17. deposition
18. inventory
19. accessory
20. prosecution

Ejercicio 3

21. true
22. false
23. false
24. true
25. false
26. false
27. true
28. false
29. false
30. false

L·E·C·C·I·Ó·N 3
USANDO LAS RAÍCES DE LAS PALABRAS

SUMARIO DE LA LECCIÓN

Esta lección te mostrará cómo usar las raíces griegas y latinas para construir tu vocabulario y cómo usar la estructura de las palabras para ayudarte a reconocer palabras.

La primera oportunidad que tienes para entender una palabra desconocida es escuchando su sonido, como lo aprendiste en la lección 1 y 2. Tu practicaste escuchando palabras en su contexto y dividiendolas en sílabas para descubrir su sonido.

Algunas veces, como sea, tu puedes emitir el sonido de una palabra y continuar sin entender que significa. El siguiente paso, entonces, es ver la estructura de las palabras. ¿ Es el sonido de una palabra o parte de ella suena o luce familiar? Algunas veces tu puedes conectar una parte de una palabra a otra palabra que ya conozcas. Es como si conoces a alguien que te recuerda a alguien que ya conoces, como un miembro de la familia de tu amigo, del cual reconoces algunas características familiares. Tu puedes encontrar palabras que no estan en tus listas de palabras que conoces por su sonido o su escritura, pero que las reconoces por la relación que guardan con palabras que ya conoces.

Por ejemplo, tu puedes encontrarte con palabras como *misanthropic.* Tu la pronuncias por sus sílabas—*mis-an-THROP-ik*—pero continuas sin reconocerla. Así que la miras otra vez. Tu ves que parte de la palabra contiene la raíz—*anthro.* Tu sabes que la raíz—*anthro*—aparece en la palabra *anthropology*—el estudio del ser humano. Claramente, *anthro* tiene algo que ver con el ser humano. Tu también puedes saber que el prefijo *mis-* generalmente significa *not* o *the opposite of,* como en *misguided.* Sin aún haber leído la palabra en alguna oración, tu tienes la idea que *misanthropic* tiene algo que ver con *being against or opposed to persons or humanity.* Y tu tienes razón. Una persona *misanthropic* odia la sociedad o estar en compañia de otras personas.

Las partes de las palabras que contienen su significado directo son llamadas las raíces de la palabra. Generalmente las raíces de palabras en inglés provienen de antiguas palabras griegas y latinas. Debido a que muchas palabras en inglés tiene su fuente en ciertas raíces recurrentes, el saber algunas de las raíces más comunes te dará acceso a muchas palabras a la vez. Cuando tu combinas tus conocimientos de raíces—tema de estudio en esta y la siguiente lección—con conocimientos de *affixes,* partes pequeñas que van al principio o al final de una palabra y que cambian su significado, tu tienes la herramienta para descubrir el significado de muchas palabras, basandose en su estructura. Prefijos y sufijos son abordadas en la lección 5 y 6.

Trabajando con la Lista de Palabras

DE VISTA Y POR SONIDO

Ve cuantas palabras de la siguiente lista sabes por su sonido o reconoces de vista. Tu puedes saber la palabra (offhand) de improviso o puedes mirar las sílabas acentuadas en negritas en cada palabra para ver si te recuerda otra palabra que conoces. Pon una señal enseguida de cada palabra que reconozcas o que puedas imaginarte su significado basandote en sus raíces.

ant**agon**ize	*an-TAG-uh-nize*
audible	*AW-duh-bul*
belligerent	*bul-LIJ-er-ent*
chronic	*KRON-ik*
demographic	*dem-uh-GRAF-ik*
fidelity	*fi-DEL-i-tee*
fluctuate	*FLUK-choo-ate*
genocide	*JEN-uh-side*
in**cogn**ito	*in-cog-NEE-toe*
in**duc**ement	*in-DOOS-ment*
inter**rog**ate	*in-TERR-uh-gate*
loquacious	*low-KWAY-shus*
nominal	*NOM-uh-nul*
pathos	*PAY-thus*
pro**tract**ed	*proh-TRAK-ted*
re**ject**ed	*ree-JEK-ted*
sophisticated	*su-FIS-ti-kay-ted*
tenacious	*tuh-NAY-shus*
verify	*VAIR-uh-fie*
vivacious	*vi-VAY-shus*

Número de palabras que identificaste por sonido o de vista: ____

Si tu sabes de otra palabra que pienses comparte la misma raíz con alguna de estas palabras, escribela enseguida de la palabra con la que comparta dicha raíz en esta lista.

POR CONTEXTO

Ahora conoce las palabras en su contexto. Ve cuantas reconoces por el modo en que estan usadas.

> One of the most **chronic** problems to face big city politics is the problem of labor relations. Both labor and management tend to become **belligerent** and **antagonize** each other with threats of slowdowns, strikes, work rules, and other methods of **inducement** to get the other side to agree to their demands. Negotiations are often **protracted** and tend to wear down both sides so that they will **reject** efforts that could lead to lasting agreements between the two sides.

Prices may **fluctuate** wildly between one market and another.

The Serb government was accused of attempted **genocide** in its wholesale attacks on the Muslim minority.

Though she was normally **vivacious,** her grief made the woman oddly silent and self-contained, hardly her usual **loquacious** self.

The actor traveled **incognito** in order to maintain his privacy.

The school charged a **nominal** fee for the use of the gymnasium.

The office tried to **verify** her address so that she could receive her paycheck.

Her **fidelity** to the company was unquestioned despite having offers to go to a competing industry.

The reporter expressed great **pathos** in writing about the tragedy.

Her voice was **audible** from across the room.

Despite her **sophisticated** dress, she was a country girl at heart.

She was **tenacious** in her pursuit of the greatest talent for the show. She wouldn't take no for an answer.

The union **rejected** the offer for a settlement.

The police **interrogated** the prisoner for more than eight hours.

Número total de palabras que identificaste: _____

DEFINICIONES Y RAÍCES

El valor de aprender las raíces es que ellas actuan como llaves de acceso, que te dan pistas acerca de las palabras que comparten las mismas raíces o el mismo linaje.

Abajo están las definiciones de las raíces de las 20 palabras de hoy, junto con algunas otras palabras que comparten la misma raíz. Usa estas palabras para completar el ejercico de abajo y ve como la familia de tus palabras crece.

antagonize (**agon** = *struggle, contest*): to struggle against
protagonist, agony, agonize

audible (**aud** = *hear*): able to be heard
audition, audit, auditorium

belligerent (**bell** = *war*): warlike
bellicose, antebellum

chronic (**chron** = *time*): occurring over time
chronological, chronometer, chronicle

demographic (**demo** = *people*): having to do with the measurement of populations
democracy, demagogue

fidelity (**fid** = *faith*): faithfulness
Fido, fiduciary, infidel, infidelity

fluctuate (**flux, flu** = *to flow*): to rise and fall
fluid, fluidity, superfluous, influx

genocide (**gen** = *race or kind*): the deliberate destruction of an entire group of people
gene, progenitor, progeny

incognito (**cog, gno** = *to know*): unrecognizable
diagnosis, recognize, cognition, cognitive

inducement (**duc** = *to lead*): leading to an action
induction, reduction, introduction, reduce

interrogate (**rog** = *to ask*): to question
surrogate, derogatory, arrogant

loquacious (**loq** = *speak*): talkative
eloquent, soliloquy

nominal (**nom, nym** = *name*): in name only
nominate, nomenclature, synonym, anonymous

pathos (**path** = *feeling*): feeling of sympathy or pity
pathetic, empathy, sympathy, pathology, apathy
protracted (**tract** = *draw, pull*): dragged out
tractor, distracted, attraction, subtracted
rejected (**ject** = *to throw or send*): sent back
subject, dejected, interjected, projectile
sophisticated (**soph** = *wisdom*): having style or knowledge
sophomore, sophistry, philosopher
tenacious (**ten** = *hold*): unwilling to let go, stubborn
tenacity, contain, tenable
verify (**ver** = *truth*): to establish as truth
verity, veritable, veracious, aver
vivacious (**viv** = *life*): lively in manner
vivid, vital, vivisection

PRÁCTICA

Realiza el ejercicio 1 y 2 de abajo. Compara tus respuestas con las respuestas correctas de ubicadas al final de la lección. Si tu resultado fue del 80 porciento en ambos ejercicios, ve inmediatamente a la Práctica de la Evaluación. Pero si fue menor del 80 porciento realiza el ejercicio 3 de abajo.

EJERCICIO 1

Asigna la definición correcta para la primera columna utilizando las palabras de la segunda columna.

_____ **1.** genocide
_____ **2.** audible
_____ **3.** verify
_____ **4.** tenacious
_____ **5.** rejected
_____ **6.** fidelity
_____ **7.** loquacious
_____ **8.** antagonize
_____ **9.** incognito
_____ **10.** pathos

a. sent back
b. feeling of pity
c. destruction of a race
d. in disguise
e. talkative
f. can be seen
g. can be heard
h. faithfulness
i. holding fast
j. struggle against
k. show to be true

Resultado del ejercicio 1: _____

EJERCICIO 2

Completa las oraciones de abajo con la lista de las palabras de hoy.

11. The __________ traveler knows the best places to stay.

12. Because he was anxious to rest on the long trip, he shied away from the __________ person in the next seat.

13. The government was eager to __________ the former hostages regarding their experiences.

14. His headaches had caused him __________ pain for many years.

15. The added salary was a(n) __________ to change jobs.

16. The sociologists studied __________ patterns to discover where people were moving in large numbers.

17. Their marriage was strictly __________; they didn't live together but married so the woman could stay in this country.

18. His moods seemed to __________ from happy to sad a great deal of the time.

19. Her __________ manner made her a popular guest at parties.

20. His __________ illness kept him in bed for several months.

Resultado del ejercicio 2: _____

EJERCICIO 3

Marca como falso o verdadero las siguientes afirmaciones de acuerdo al significado de las palabras subrayadas.

______**21.** A lack of fidelity in a marriage could lead to divorce.

______**22.** A belligerent person would probably be very beautiful.

______**23.** Someone traveling incognito would be easily recognized.

______**24.** A nominal effort would be rewarded with a large salary.

______**25.** A tenacious person would pursue his goals persistently.

______**26.** Audible comments would be unable to be heard.

______**27.** Chronic behavior happens infrequently.

______**28.** Demographic data would serve only one political party.

______**29.** Genocide targets only the oldest citizens for destruction.

______**30.** It's rarely a good idea to antagonize your boss.

Resultado del ejercicio 3: _____

EXAMEN PRÁCTICO

Marca con un circulo la respuesta que signifique lo mismo o casi lo mismo de las palabras subrayadas a continuación.

31. There was an audible sigh of relief when the rescuers brought the drowning man to the surface.
a. incredible
b. able to be heard
c. worthy of praise
d. able to be seen

32. The lawyer faced his antagonist in the courtroom with barely disguised contempt.
a. opponent
b. assistant
c. client
d. witness

33. Her vivacious manner contrasted with the seriousness of her illness.
a. grave
b. hostile
c. joyous
d. lively

34. He wanted to verify the ingredients before starting the recipe.
a. confirm
b. total
c. analyze
d. measure

35. The loquacious dinner guest dominated the conversation.
a. drunken
b. talkative
c. silent
d. greedy

36. The soap opera emphasized the pathos, rather than the humor, of family life.
a. sentimental feeling
b. turmoil
c. activity
d. horror

37. The fluctuating price of gas kept motorists guessing.
a. changing
b. inexpensive
c. costly
d. confusing

38. His chronic lateness was treated with humor by those who had known him for a long time.
a. occasional
b. constant
c. unusual
d. rare

39. Despite his casual manner, he is a sophisticated man.
a. hard-working
b. worldly wise
c. talented
d. scholarly

40. He chose to show himself in public <u>incognito</u>, so he could avoid the attention of the press.

a. in disguise
b. in casual dress
c. formally
d. in person

EJERCICIO FINAL

Escoge 10 palabras de la lista de hoy. Escribe 5 oraciones con ellas en el espacio de abajo. Las otras 5 escribelas en tarjetas de trabajo con su definición y agregalas a tu lista general de palabras.

____

____

____

____

____

Técnicas Adquiridas

Usa rimas u otros métodos nemotécnicos para recordar las raíces de las palabras de hoy. Por ejemplo, tu puedes imaginarte un pato guiando su parvada para recordar que pato significa guiar.

Después de la definición de las palabras de esta lección, hay una lista de palabras con las mismas raíces. Usa algunas de esas palabras (por ejemplo, *protagonista,* la cual tiene la misma raíz que la palabra *antagonista*). Primero trata de adivinar el significado de las palabras desconocidas. Después búscalas en el diccionario y úsalas en oraciones.

RESPUESTAS

EJERCICIO 1

1. c
2. g
3. k
4. i
5. a
6. h
7. e
8. j
9. d
10. b

EJERCICIO 2

11. sophisticated
12. loquacious
13. interrogate
14. chronic
15. inducement
16. demographic
17. nominal
18. fluctuate
19. vivacious
20. protracted

EJERCICIO 3

21. true
22. false
23. false
24. false
25. true
26. false
27. false
28. false
29. false
30. true

PRÁCTICA DE LA EVALUACIÓN

31. b
32. a
33. d
34. a
35. b
36. a
37. a
38. b
39. b
40. a

L·E·C·C·I·Ó·N

MÁS RAÍCES 4

SUMARIO DE LA LECCIÓN

Basado en lo que aprendiste en la lección 3 acerca de las raíces, esta lección te ayudará a aplicar dichos conocimientos para aprender nuevas palabras.

En la lección 3, tu aprendiste que las raíces son elementos de las palabras que comparten características, de igual manera en que los seres humanos en las familias comparten nombres y atributos personales. Las palabras en inglés comparten muchas de estas características porque descienden de una línea larga de lenguajes mezclados y combinados procedentes de las familias de lenguajes indo-europeas. Muchas palabras en inglés provienen de los lenguajes del griego y latino, los cuales nos aportaron mucho de nuestra cultura a través del tiempo. Por lo que reiteramos que el aprender a reconocer las raíces nos permite accesar grupos enteros de palabras cuando sólo conocemos unas pocas prolíficas familias.

El uso de los elementos de las palabras para incrementar tu vocabulario funciona de dos maneras:

- Tu puedes ya saber una raíz determinada que pueda guiarte para saber el significado de una palabra desconocida. Por ejemplo, tu puedes saber que la raíz *hydro* tiene que ver con el agua. Por lo tanto, si tu te cruzaste con la palabra *hydrotherapy,* tu te imaginas que se refiere al tratamiento que usa el agua.

- Si tu no sabes el significado de la raíz misma, tu puedes reconocerla por otra palabra que tu conoces. Asociando es que conectas y ecuentras el significado de palabras desconocidas. Por ejemplo, tu sabes que un *fire hydrant* (hidrante de agua) almacena agua. Por lo tanto, cuando asocias la raíz *hydro* con *water* obtienes el significado de *hydrotherapy.*

Trabajando con la Lista de Palabras

POR SONIDO Y DE VISTA

Aqui están más palabras basadas en raíces griegas y latinas. Ve cuantas reconoces ya sea de vista o con la ayuda de la guía de pronunciación proveida aquí. La raíces están remarcadas con letras negritas.

agora**phob**ic	*ag-uh-ruh-FOH-bik*
as**simil**ate	*uh-SIM-uh-late*
at**trib**ute	*AT-trib-yoot*
benevolent	*buh-NEV-uh-lent*
biodegradable	*by-oh-dee-GRADE-uh-bul*
con**spic**uous	*con-SPIC-yoo-us*
contra**dict**ion	*con-truh-DIK-shun*
credence	*CREE-dence*
e**vid**ent	*EV-i-dent*
gregarious	*gre-GAIR-ee-us*
im**ped**iment	*im-PED-uh-ment*
in**cis**ive	*in-SY-siv*
in**fer**ence	*IN-fer-ence*
mediocre	*meed-ee-OH-kur*
philanthropy	*fi-LAN-thruh-pee*
pre**ced**ent	*PRESS-i-dent*
re**cap**itulate	*ree-ca-PITCH-yoo-late*
re**mitt**ance	*ri-MIT-uns*
tangential	*tan-GEN-shul*
urbane	*ur-BANE*

Número de palabras que sabes por sonido y de vista: ____

POR CONTEXTO

Ahora ve cuantas palabras puedes agregar a tu lista de palabras conocidas cuando las encuentres en su contexto.

> It is quite **evident** that we look to television for our awareness of current events. We are drawn to stories served up to us by attractive, **urbane** people whose sophistication gives **credence** to their remarks about a wide range of subjects, though much of television reporting is **mediocre** and offers little more than a mindless **recapitulation** of unimportant facts disguised as news. On occasion, however, reporters offer **incisive** and insightful accounts of world events that enhance our understanding of the events that shape our lives.
>
> The professor was not pleased when the student **contradicted** him in class.
>
> He was **conspicuous** as he drove up in his shiny new car.
>
> She **inferred** from his letters that he was unhappy at school.
>
> His **philanthropy** was well known as his name appeared in association with many charitable causes.
>
> As she grew older, she became more **agoraphobic** and refused to leave her home.
>
> The IRS demanded **remittance** of the past due taxes.
>
> His association was merely **tangential** to the larger political party.

His disability proved to be no **impediment** to his efficiency.

He was a **gregarious** person who loved being with people.

There was no **precedent** to guide the judge's action.

She had many of the **attributes** that he liked in a doctor.

He had failed to **assimilate** to campus life.

The **benevolent** old man gave generously to many worthy causes.

Please use dish detergent that is **biodegradable**.

Número total de palabras que tu sabes: ____

Mira en la lista de palabras de hoy los elementos de las palabras escritas en letras negritas. ¿Puedes pensar en otras palabras que contengan los mismos elementos? A lado de cada palabra escribe, por lo menos, una palabra que consideres comparte los mismos elementos de cada palabra enunciada.

DEFINICIONES Y RAÍCES

Aquí están las definiciones de las palabras y las raíces contenidas en las siguientes palabras junto con algunas palabras adicionales que comparten las mismas raíces.

agoraphobic (**phobe** = *fear*): fear of open spaces
phobia, claustrophobia, xenophobia
assimilate (**simul** = *copy*): to fit in
similar, simile, facsimile, simulate
attribute (**trib** = *to give*): a special quality
tributary, contribution, tribunal
benevolent (**ben** = *good*): kind
benefactor, beneficiary, benign, benediction
biodegradable (**bio** = *life*): able to be broken down by living things
bionic, biology, antibiotic
conspicuous (**spic, spec** = *see*): highly visible
spectacle, spectator, inspection, introspection
contradiction (**contra** = *against*, **dict** = *say*): the act or state of disagreeing
dictate, dictionary, interdict, dictation
credence (**cred** = *believe*): belief, believability
creed, credulous, credit, incredible
evident (**vid** = *see*): obvious
video, evidence, visible, provident
gregarious (**greg** = *crowd, herd*): sociable
egregious
impediment (**ped, pod** = *foot;* **ped** also means *child*): a barrier or hindrance
pedestal, pedestrian, pediment
incisive (**cis, cid** = *to cut*): penetrating, clear cut
incision, precise, scissors, homicide, suicide
inference (**fer** = *bear* or *carry*): guess or surmise
transfer, refer, reference, interfere
mediocre (**med** = *middle*): of medium quality, neither good nor bad
media, median, intermediate, mediator
philanthropy (**phil** = *love*): giving generously to worthy causes
philosophy, Philadelphia, bibliophile
precedent (**ced** = *go*): a prior ruling or experience
intercede, procedure, succeed
recapitulate (**cap** = *head*): to review in detail
capital, caption, captain, decapitate
remittance (**mit, mis** = *to send*): to pay or send back
submit, commission, permission, intermission
tangential (**tang, tac, tig** = *touch*): touching slightly
tangent, tactical, tactile, contiguous
urbane (**urb** = *city*): polished, sophisticated
urban, suburban, urbanite

PRÁCTICA

Como es usual realiza el ejercicio 1 y 2 de abajo. Compara tus respuestas con las respuestas correctas de ubicadas al final de la lección. Si tu resultado fue del 80 porciento en ambos ejercicios, ve inmediatamente al ejercicio adicional. Pero si fue menor del 80 porciento realiza el ejercicio 3 de abajo.

EJERCICIO 1

Asigna la definición correcta para la primera columna utilizando las palabras de la segunda columna.

____	**1.** credence	**a.**	obvious
____	**2.** inference	**b.**	afraid of cats
____	**3.** mediocre	**c.**	hindrance
____	**4.** gregarious	**d.**	kindly
____	**5.** urbane	**e.**	of medium quality
____	**6.** agoraphobic	**f.**	guess
____	**7.** evident	**g.**	afraid of open spaces
____	**8.** impediment	**h.**	sociable
____	**9.** benevolent	**i.**	believability
____	**10.** conspicuous	**j.**	sophisticated
		k.	standing out visually

Resultado del ejercicio 1: ____

EJERCICIO 2

Completa las oraciones de abajo con la lista de las palabras de hoy.

11. His remarks were ________ and cut right to the heart of the subject.

12. It doesn't pay to ________ the opinions of those who are in authority.

13. His ________ arose from his deep desire to help those less fortunate than himself.

14. The store demanded the ________ of the payment required to clear the debt.

15. One of her best ________ is her clear-eyed wisdom.

16. Over the years, people from many countries have come to ________ into American life.

17. Public works projects in the 1930s set a ________ for social legislation for the next 60 years.

18. After the game, the commentators continued to ________ the key plays for those who had been unable to watch it.

19. She believed that her working life was merely ________ to the "real life" she enjoyed with her family.

20. Scientists need to develop a ________ trash bag that would lessen the problem of waste removal to landfill areas.

Resultado del ejercicio 2: ____

EJERCICIO 3

Responde las siguientes preguntas utilizando la lista de las palabras de hoy.

21. Which word stems from a root that means *good?* __________

22. Which word stems from a root than can mean *foot* or *child?* __________

23. Which word stems from a root that means to *cut* or *kill?* __________

24. Which word stems from a root that means to *bear* or *carry?* __________

25. Which word stems from a root that means a *fear?* __________

26. Which word stems from a root that means *love?* __________

27. Which word stems from a root that suggests *touching?* __________

28. Which word stems from a root that means *belief?* __________

29. Which word stems from a root that suggests *speaking?* __________

30. Which word stems from a root that suggests *life?* __________

Resultado del ejercicio 3: _____

EJERCICIO ADICIONAL

Tu puedes reconocer muchas palabras derivadas sólo de una raíz. Completa el párrafo de abajo escribiendo todas las palabras que puedas; todas ellas derivadas de la misma raíz.

The root word **cred** means belief. We can see, then, that one's belief system is his **31)** __________. When a storekeeper believes we will pay the bill, she offers us **32)** __________. If we fail to pay those bills, we owe our **33)** __________. If we want to prove that our qualifications can be believed, we offer our **34)** __________. Schools that want their qualifications to be respected want to be **35)** __________. If we are believable, we are **36)** __________. If something is unbelievable, it is **37)** __________. People who believe too easily are **38)** __________.

EJERCICIO FINAL

Escoge 10 palabras de la lista de hoy que fueron nuevas o desconocidas antes de haber iniciado la lección de hoy. Escoje 5 de entre las 10 palabras que se leccionaste y escribe 5 oraciones con ellas en el espacio de abajo.

____

____

____

____

____

Las otras 5 escribelas en tarjetas de trabajo con su definición y agregalas a tu lista general de palabras. Pide a un amigo te realize una prueba con la lista de palabras que llevas reunidas hasta ahora.

Técnicas Adquiridas

Usa rimas u otros métodos nemotécnicos para recordar las raíces de las palabras de hoy. Por ejemplo, tu puedes imaginarte alguien llamado *Greg* en medio de una multitud para recordar que *greg* significa *multitud.*

Después de la definición de las palabras de esta lección, hay una lista de palabras con las mismas raíces. Usa algunas de esas palabras (por ejemplo, *bibliophile,* la cual tiene la misma raíz que la palabra *philanthropy*). Primero trata de adivinar el significado de las palabras desconocidas. Depués búscalas en el diccionario y úsalas en oraciones.

RESPUESTAS

EJERCICIO 1

1. i
2. f
3. e
4. h
5. j
6. g
7. a
8. c
9. d
10. k

EJERCICIO 2

11. incisive
12. contradict
13. philanthropy
14. remittance
15. attributes
16. assimilate
17. precedent
18. recapitulate
19. tangential
20. biodegradable

EJERCICIO 3

21. benevolent
22. impediment
23. incisive
24. inference
25. agoraphobia
26. philanthropy
27. tangential
28. credence
29. contradict
30. biodegradable

EJERCICIO ADICIONAL

31. creed
32. credit
33. creditors
34. credentials
35. accredited
36. credible
37. incredible
38. credulous

L·E·C·C·I·Ó·N 5

PREFIJOS QUE CAMBIAN EL SIGNIFICADO

SUMARIO DE LA LECCIÓN

Esta lección te introduce los prefijos que afectan el significado de las palabras. Aprendiendo algunos de los más comunes prefijos, tu puedes aprender a reconocer muchas palabras nuevas.

Los prefijos son las partes al principio de las palabras que cambian o se agregan al significado de las raíces de las palabras, en diferentes formas. Por ejemplo, la raíz latina *vert* significa girar. Mira que sucede cuando tu agregas diferentes prefijos enfrente de su raíz:

- ***con*** (*with* or *together*) + **vert** = ***convert*** (*transform*; think *turn together*)
  She wanted to **convert** the old barn into a studio.
- ***di*** (*two*) + **vert** = ***divert*** (*turn aside*)
  He wanted to **divert** attention from his shady past.
- ***ex*** (*out of, away from*) + **vert** = ***extrovert*** (*an outgoing, out-turning, individual*)
  He was an **extrovert** who was the life of every party.
- ***in*** (*opposite*) + **vert** = ***invert*** (*turn over*)
  He **inverted** the saucer over the cup.
- ***intro*** (*inside*) + **vert** = ***introvert*** (*an inwardly directed person*)
  She was an **introvert** who generally shied away from company.
- ***re*** (*back* or *again*) + **vert** = ***revert*** (*turn back*)
  He **reverted** to his old ways when he got out of prison.

El conocimiento del significado sugerido por algunos de los prefijos más comunes, pueden ayudarte a enriquecer tu vocabulario de lectura, escritura y de escucha.

Nota que los prefijos están vistos generalmente en diferente forma y pueden cambiar fundamentalmente el significado de la raíz de la palabra—por ejemplo, haciéndola contraria. Pero también, un prefijo sólo puede remotamente sugerir el significado de la palabra. El sentido de trabajar con prefijos es, no sólo memorizar un montón de partes desconectadas dentro de las palabras, sino también llegarlas a hacer familiar con los ejemplos más comunes. Después, tu serás capaz de figurarte cómo el significado de la palabra puede haber sido afectado por un prefijo.

Trabajando con la Lista de Palabras

EN BASE DE LA FORMA Y EL SONIDO

Las siguientes palabras contienen basicamente prefijos griegos y del latín. En base a su forma y sonido, ver cuantas de ellas tu puedes reconocer. Para facilitar su trabajo, los prefijos han sido puestos en negrillas.

antecedent	*an-ti-SEED-ent*
antipathy	*an-TIP-uh-thee*
circumvent	*SIR-kum-vent*
consensus	*kun-SEN-sus*
controversy	*KON-truh-ver-see*
decimate	*DES-uh-mate*
demote	*di-MOTE*
disinterested	*dis-IN-tuh-res-ted*
euphemism	*YOO-fe-miz-um*
exorbitant	*ek-ZOHR-bi-tunt*
illegible	*i-LEJ-uh-bul*
intermittent	*in-ter-MIT-ent*
malevolent	*muh-LEV-uh-lent*
precursor	*pre-KUR-ser*
prognosis	*prog-NO-sis*
retrospect	*RET-roh-spekt*
subordinate	*suh-BOR-din-it*
synthesis	*SIN-thuh-sis*
transcend	*tran-SEND*
trivial	*TRI-vee-ul*

Número de palabras que sabes de vista y por sonido: ____

POR CONTEXTO

Ahora conoce cada palabra dentro de su contexto. ¿Cuántas tu conoces por la manera de que estan empleadas?

Probably no town, city, or state in this country is immune to the **controversy** that always surrounds attempts to cut government budgets. Many communities are already faced with **exorbitant** expenses related to high labor costs, costly social services, and shrinking tax bases. In **retrospect,** we are probably paying for the unprecedented government spending of the last decade. The **consensus** of opinion today, however, seems to be that budgets must be cut, though such cuts threaten to **decimate** the services the neediest people depend on. The **prognosis** for the economic future of our cities, therefore, is guarded.

Her **antecedents** were from Italy.

He tried to **circumvent** the law to avoid paying his parking tickets.

His poor attitude left the manager no choice but to **demote** him.

The Model T was the **precursor** of today's mass-produced automobiles.

He often used **euphemisms** to avoid speaking about something distasteful.

His love of his family **transcended** his ambition in business.

When I became a supervisor, I took special training in how to deal with **subordinates.**

She was a **disinterested** person in the negotiations and would not benefit either way.

Her **antipathy** for her former enemy was as strong as ever.

The **intermittent** ringing of the phone kept her awake.

It seemed a **trivial** matter to concern the president of the company.

The writer managed to **synthesize** a number of large ideas into a small, well-written essay.

His **illegible** handwriting made it hard to verify his signature.

The villain had a **malevolent** character that was obvious to all.

Número total de palabras que sabes: ____

Ahora regresa a la lista original. Mira los prefijos. Escribe otra palabra que pienses pueda iniciar con el mismo prefijo.

DEFINICIONES Y PREFIJOS

Abajo están las palabras con sus prefijos y significados, así como otras palabras que comparten el mismo prefijo.

antecedents (**ante** = *before*): something that comes before, especially ancestors
antenatal, antebellum, anteroom

antipathy (**anti** = *against*) hatred, feelings against
antiwar, antibiotic, antidote

circumvent (**circum**, **circ** = *around*): to get around
circumscribe, circulate, circumference

consensus (**con** = *with, together*): agreement on a course of action
congress, convivial, congregate

controversy (**contr** = *against*): public dispute
contraceptive, contrast, contrary

decimate (**dec** = *ten*): to destroy or kill a large portion of something
decimal, decibel

demote (**de** = *down, away from*): to lower in grade or position
decline, denigrate, deflate

disinterested (**dis** = *not, opposite of*): not having selfish interest in (not the same as *uninterested*)
disappointed, disabled, disqualified

euphemism (**eu** = *good, well*): a more pleasant term for something distasteful
euthanasia, euphonious, eugenic

exorbitant (**ex** = *out of, away from*): excessive (literally, out of orbit!)
exhume, extort, exhale, export

illegible (**il** = *not, opposite*): not readable
illegal, illegitimate, illicit

intermittent (**inter** = *between*): occurring from time to time, occasional
intermediate, interlude, intermission, interview

malevolent (**mal** = *bad*): cruel, evil
malady, malefactor, malice, malignant

precursor (**pre** = *before*): a form that precedes a current model
premeditate, premature, prevent, preview

prognosis (**pro** = *before*): opinion about the future state of something
provide, professional, produce
retrospect (**retro** = *back, again*): hindsight
retroactive, retrograde, retrorocket
subordinate (**sub** = *under*): lower in rank
subterranean, substrate, subscription
synthesis (**syn, sym** = *with* or *together*): the combination of many things into one
synthetic, symphony, symbiotic
transcend (**trans** = *across*): to go beyond
transfer, transportation, transatlantic
trivial (**tri** = *three*): unimportant
tripod, triangle, triennial

Nota que algunas palabras traducen claramente sus componentes:

- **Antipathy** signifa *feelings against* (*anti* = *against, path* = *feelings*).
- **Retrospect** significa *looking back* (*retro* = *back, spect* = *to look or see*).

La conección entre el significado de los prefijos y el significado de la palabra es mucho menos obvia en otros casos. Por momentos, la palabra *trivial*, viene del lugar donde, antiguamente, las tres rutas principales de las caravan se encontraban y la gente intercambiaban chismes y partes de información. Ahora nosotros utilizamos *trivial* para referir cualquier tipo de información que es irrelevante.

PRÁCTICA

Realiza el ejercicio 1 y 2 de abajo. Compara tus respuestas con las respuestas correctas de ubicadas al final de la lección. Si tu resultado fue del 80 porciento en ambos ejercicios, ve inmediatamente a la Práctica de la Evaluación. Pero si fue menor del 80 porciento realiza el ejercicio 3 de abajo como práctica adicional.

EJERCICIO 1

Asigna la definición correcta para la primera columna utilizando las palabras de la segunda columna.

_____ **1.** antipathy	**a.** hindsight
_____ **2.** prognosis	**b.** cruel
_____ **3.** exorbitant	**c.** forecast
_____ **4.** inter-mittent	**d.** unreadable
	e. unqualified
_____ **5.** malevolent	**f.** hatred
_____ **6.** retrospect	**g.** forebears
_____ **7.** ante-cedents	**h.** bring together
_____ **8.** sub-ordinate	**i.** lower in rank
	j. recurring
_____ **9.** synthesize	**k.** excessive
_____**10.** illegible	

Resultado del ejercicio 1: _____

EJERCICIO 2

Completa las oraciones de abajo con la lista de las palabras de hoy.

11. The manager threatened to __________ the clerk if he came late one more time.

12. The union leaders finally reached a(n) __________ over the salary package.

13. The Civil War __________ both the land and the population of the South.

14. The jumbo jets were the __________ of today's SSTs.

15. The choice had to be made by a(n) __________ person who would not benefit from the outcome.

16. Using too many __________ to avoid distasteful subjects weakens our ability to express ourselves clearly.

17. The boy always found a way to __________ authority and get his own way.

18. She likes to meditate on the words of the great philosophers in order to __________ her mundane concerns.

19. Many people focus on the __________ things in life and ignore the more important matters.

20. __________ is unavoidable when two political parties try to come to an agreement.

Resultado del ejercicio 2: _____

EJERCICIO 3

Marca como falso o verdadero las siguientes afirmaciones de acuerdo al significado de las palabras subrayadas.

______ **21.** Most people would want to pay an <u>exorbitant</u> sum for a theater ticket.

______ **22.** An <u>intermittent</u> action doesn't just happen once.

______ **23.** A <u>retrospective</u> exhibition shows only recent works by an artist.

______ **24.** A <u>disinterested</u> person is bored with her work.

______ **25.** A <u>consensus</u> opinion represents the group that makes the decision.

______ **26.** A <u>malevolent</u> character in a movie is usually the hero.

______ **27.** One's children are one's <u>antecedents</u>.

______ **28.** Only <u>trivial</u> matters are referred to the CEO of the company.

______ **29.** If you have <u>antipathy</u> toward someone, you have little or no feeling at all.

______ **30.** We use <u>euphemisms</u> when we want to soften the meaning of what we say.

Resultado del ejercicio 3: _____

EXAMEN PRÁCTICO

Marca con un circulo la respuesta que signifique lo *contrario* de las palabras subrayadas a continuación.

31. a synthesis of ideas
a. blending
b. review
c. separation
d. sharing

32. a decimated area
a. intact
b. scenic
c. damaged
d. beautiful

33. illegible handwriting
a. invisible
b. unqualified
c. unreadable
d. clear

34. an exorbitant price
a. expensive
b. unexpected
c. extraordinary
d. reasonable

35. a subordinate principle
a. unimportant
b. underlying
c. lower
d. higher

36. one's antecedents
a. enemies
b. descendants
c. forefathers
d. interests

37. to circumvent the rules
a. break
b. follow
c. change
d. ignore

38. an intermittent action
a. uncertain
b. single
c. negative
d. definite

39. a trivial question
a. significant
b. petty
c. worthless
d. tricky

40. a malevolent spirit
a. evil
b. spiteful
c. mischievous
d. kindly

Ejercicio Final

Escoge 10 palabras de la lista de hoy, con las cuales tu continues no sintiendote seguro de su uso en tu escritura o tu conversación. Escribe 5 oraciones con ellas en el espacio de abajo. Las otras 5 escribelas en tarjetas de trabajo con su definición y agregalas a tu lista general de palabras. Ponte como objetivo usar 2 o 3 de estas palabras en tu conversación durante el día.

Técnicas Adquiridas

Crea todas las palabras que tu puedas con los prefijos que aprendiste en esta lección. Algunas estarán ya activas en tu vocabulario; algunas puede ser que sólo las hayas oído. Mira las palabras desconocidas y ubicalas en tu vocabulario de lectura.

Usa rimas u otros métodos nemotécnicos para recordar las raíces de las palabras de hoy. Por ejemplo, tu puedes imaginarte un triángulo para recordar que *tri* significa *tres.*

Respuestas

EJERCICIO 1

1. f
2. c
3. k
4. j
5. b
6. a
7. g
8. i
9. h
10. d

EJERCICIO 2

11. demote
12. consensus
13. decimated
14. precursors
15. disinterested
16. euphemisms
17. circumvent
18. transcend
19. trivial
20. controversy

EJERCICIO 3

21. false
22. true
23. false
24. false
25. true
26. false
27. false
28. false
29. false
30. true

PRÁCTICA DE LA EVALUACIÓN

31. c
32. a
33. d
34. d
35. d
36. b
37. b
38. b
39. a
40. d

L · E · C · C · I · Ó · N

SUFIJOS QUE IDENTIFICAN

SUMARIO DE LA LECCIÓN

Esta lección te muestra como los sufijos definen el "trabajo" que una palabra tiene en una oración, señalando partes del discurso.

Las pasadas tres lecciones han discutido las piezas de las palabras que contienen y cambian el significado de una palabra. Esta lección se concentrará en las partes finales de las plabras—sufijos—que señalan cómo una palabra está siendo usada en una oración.

Puede ser que tu recuerdes de tus clases de inglés en la escuela primaria, que las palabras están divididas dentro de algo llamado "partes del discurso"—principalmente: sustantivos, los cuales nombran algo; verbos, los cuales describen acciones o palabras existentes y finalmente adjetivos y adverbios, los cuales describen otras palabras. Los sufijos generalmente cambian la parte de un discurso de una palabra.

Por ejemplo, toma la palabra *devote,* que significa *to dedicate time to the care of someone or something.* Los sufijos cambian la manera en que la palabra trabaja en una oración.

- Como **verbo** se presenta tal y como es:
  I will *devote* my time to my family.
- Como **nombre o sustantivo** lleva el sufijo *–tion* convirtiendosé en *devotion*:
  His *devotion* to his family was well known.
- Como **adjetivo,** al modifivar un nombre o sustantivo, lleva el sufijo *–ed* convirtiendosé en *devoted:*

He is a *devoted* family man.

- Como **adverbio,** al modificar un verbo, lleva el sufijo *–ly* convirtiendosé en *devotedly:*
  He served his family *devotedly* for many years.

De esta manera, el agregar un sufijo se cambia la función de una palabra en una oración, sin cambiar el significado fundamental de la palabra. Tu puedes pensar en un sufijo como el equipo o el uniforme que una palabra viste para un determinado trabajo en una oración, así como tu puedes vestir diferentes trajes para diferentes actividades: un traje o uniforme para el trabajo, jeans para quehaceres de la casa o un conjunto deportivo para salir a correr.

TRABAJANDO CON LA LISTA DE PALABRAS

POR SONIDO Y DE VISTA

En las 20 palabras enlistadas abajo, los sufijos han sido resaltados en letras negritas para identificar la manera en que las palabras están trabajando en cada oración. Al ver las palabras y determinar si las conoces de vista o por su sonido, piensa en palabras que sepas contienen los mismos sufijos. Lo que tu ya sabes, puede ayudar para imaginar el significado de palabras que pueden ser nuevas para ti.

agrar**ian**	*uh-GRARE-ee-an*
bigot**ry**	*BIG-uh-tree*
consumm**ate**	*KON-suh-mate*
copi**ous**	*COPE-ee-us*
crypt**ic**	*KRIP-tik*
defer**ment**	*di-FER-ment*
etym**ology**	*et-uh-MOL-uh-jee*
furt**ive**	*FUR-tiv*
laud**able**	*LAW-duh-bul*
muta**tion**	*myoo-TAY-shun*
obsol**escence**	*ob-suh-LESS-ence*
par**ity**	*PAIR-i-tee*
pragmat**ism**	*PRAG-muh-tiz-um*
protagon**ist**	*proh-TAG-uh-nist*
provocat**ive**	*pruh-VOK-uh-tiv*

Para Personas que el Inglés no es su Lengua Nativa (y Otros)

Nota que las palabras tienen más de un significado y pueden hacer más de un trabajo. Por ejemplo la palabra *raíz* es usada en este libro para significar una parte de una palabra que contiene el significado. Pero la palabra *raíz* tiene otros significados.

- Como sustantivo puede significar:
  la parte de una planta que esta abajo de la tierra. Saca esa planta por su raíz.
  la de un cabello pintado con "luces". Sus raíces muestran que necesita un nuevo tinte.
- Como verbo puede significar:
  emprender una búsqueda. Ellos escarbaron alrededor del cuarto buscando por el anillo que está perdido. Ellos buscaron por el equipo ganador.

Sólo para ojos abispados: Dirigete hacia el primer párrafo de la lección 4. Marca con un circulo tres palabras en ese párrafo que contengan raíces, prefijos y/o sufijos contenidos en estas lecciones. Encuentra dos raíces en la lección 6 que tu reconozcas de tu trabajo hasta ahora.

pueri**le**	*PYOOR-ul*
recti**fy**	*REK-ti-fie*
relent**less**	*ri-LENT-less*
satir**ize**	*SA-tuh-rize*
vener**ate**	*VEN-uh-rate*

Número de palabras que sabes por sonido y de vista:

______

POR CONTEXTO

Ahora encuentra las palabras en su contexto. Ve cuantas palabras más conoces por su uso en estas oraciones.

One of the most **provocative** employment issues today is that of minority hiring in major industries. In an effort to **rectify** discrimination caused by past **bigotry** and to offer **parity** with other workers, some industries are offering special incentives for minority workers. Though these motives are **laudable** in many ways, these actions will doubtless meet with **relentless** resistance from those who feel that any kind of favoritism is unfair.

He seemed to behave in a **furtive**, almost secretive, manner.

He tried to get a **deferment** that would allow him to delay his induction into the army.

She made a **cryptic** comment that was difficult to interpret.

The **protagonist** in the play was in every scene.

His **pragmatism** allowed him to make realistic decisions.

The **agrarian** way of life has gradually given way to a more urban society.

David Letterman likes to **satirize** political life.

His **puerile** behavior made him seem childish and immature.

He took **copious** notes before the final exam.

It is interesting to know the **etymology** of unfamiliar words.

The sales director wanted to **consummate** the transaction before another vendor made a bid.

The automotive industry builds a certain amount of **obsolescence** into cars so that they will need to be replaced in a few years.

In some parts of the world, people **venerate** their elders.

Many organisms are known for their **mutations,** which allow them to change form over the course of their lifetimes.

Número total de palabras que tu sabes: ______

DEFINICIONES

Aquí están las definiciones de las palabras de hoy. ¿Ellas significan lo que tu pensaste al principio?

agrarian: having to do with agriculture or farming
The farmer loved his **agrarian** life.

bigotry: narrow-minded intolerance
We must guard against **bigotry** wherever it exists.

consummate: to make complete
The deal was **consummated** after long negotiations.

copious: plentiful
He shed **copious** tears over the tragic bombing.

cryptic: mysterious, hidden

She made a **cryptic** comment that was unclear to everyone.

deferment: delay

He wanted a **deferment** on paying his student loans.

etymology: study of word origins

The scholar was an authority on the **etymology** of words.

furtive: underhanded and sly

He had a **furtive** manner.

laudable: praiseworthy

He had **laudable** intentions to do good in his community.

mutation: a change in form

The scientist found a significant **mutation** in the gene.

obsolescence: the state of being outdated

The new designs were already headed for **obsolescence.**

parity: equality

He wanted **parity** with the other employees.

pragmatism: faith in the practical approach

His **pragmatism** helped him run a successful business.

protagonist: one who is the central figure in a drama

The **protagonist** was played by a great actor.

provocative: inciting to action

The actions of a few demonstrators were **provocative.**

puerile: childish

The father's actions were **puerile**; his five-year-old was more mature.

rectify: to correct

He wanted to **rectify** the misunderstanding.

relentless: unstoppable

He was **relentless** in his search for knowledge.

satirize: to use humor to expose folly in institutions or people

Comedians like to **satirize** politicians.

venerate: to respect or worship

He **venerated** his parents and protected their interests.

PRÁCTICA

Como es usual realiza el ejercicio 1 y 2 de abajo. Compara tus respuestas con las respuestas correctas de ubicadas al final de la lección. Si tu resultado fue del 80 porciento en ambos ejercicios, ve inmediatamente al ejercicio adicional. Pero si fue menor del 80 porciento realiza el ejercicio 3 de abajo, como práctica adicional.

EJERCICIO 1

Asigna la definición correcta para la primera columna utilizando las palabras de la segunda columna.

____ **1.** pragmatism
____ **2.** bigotry
____ **3.** puerile
____ **4.** copious
____ **5.** consummate
____ **6.** rectify
____ **7.** cryptic
____ **8.** venerate
____ **9.** laudable
____ **10.** furtive

a. praiseworthy
b. respect
c. plentiful
d. mysterious
e. realism
f. intolerance
g. underhanded
h. practicality
i. childish
j. complete
k. correct

Resultado del ejercicio 1: ____

(continua en la página 50)

SUFIJOS

La tabla de abajo muestra los sufijos usados en la lista de palabras de hoy. Ellos están divididos dentro de partes del discurso o por el "tipo de trabajo" que sugieren para las palabras. Otras palabras que contienen esos sufijos estan enlistadas. En la última columna agrega, al menos, una de las otras palabras que usan los sufijos, además de las palabras en la lista de hoy.

TERMINACIONES EN SUSTANTIVOS

Sufijos	Significado	Ejemplos	Tu ejemplo
-tion	act or state of	retraction, contraction	
-ment	quality of	deportment, impediment	
-ist	one who	anarchist, feminist	
-ism	state or doctrine of	barbarism, materialism	
-ity	state of being	futility, civility	
-ology	study of	biology, psychology	
-escense	state of	adolescence, convolescence	
-y, -ry	state of	mimicry, trickery	

TERMINACIONES PARA ADJETIVOS

Sufijos	Significado	Ejemplos	Tu ejemplo
-able	capable of	perishable, flammable	
-ic	causing, making	nostalgic, fatalistic	
-ian	one who is or does	tactician, patrician	
-ile	pertaining to	senile, servile	
-ious	having the quality of	religious, glorious	
-ive	having the nature of	sensitive, divisive	
-less	without	guileless, reckless	

TERMINACIONES PARA VERBOS

Sufijos	Significado	Ejemplos	Tu ejemplo
-ize	to bring about	colonize, plagiarize	
-ate	to make	decimate, tolerate	
-ify	to make	beautify, electrify	

Nota que existen mucho más sufijos, además de los enlistados en la tabla. Los adverbios finales no están incluídos porque, para la mayor parte, sólo existe uno: –ly.

EJERCICIO 2

Marca como falso o verdadero las siguientes afirmaciones de acuerdo al significado de las palabras subrayadas.

______**11.** A deferment allows immediate action.

______**12.** The protagonist is usually the most important person in a play.

______**13.** Most people think that wage parity is a good idea, at least in theory.

______**14.** Obsolescence adds value to merchandise.

______**15.** Etymology is the study of insect life.

______**16.** A mutation can be a change of form.

______**17.** A relentless search is over quickly.

______**18.** Provocative comments are usually comical.

______**19.** A furtive glance is sly and secretive.

______**20.** Agrarian life is found in the city.

Resultado del ejercicio 2: ______

EJERCICIO 3

Responde las siguientes preguntas utilizando la lista de las palabras de hoy.

21. If you venerate something, you ________________.

22. If you request a deferment, you want ________________.

23. If you want to rectify a situation, you must ________________.

24. If you are a relentless person, you ________________.

25. If your motives are laudable, they are ________________.

26. If you satirize something, you ________________.

27. If you behave in a puerile manner, you are ________________.

28. If you behave in a furtive way, you are being ________________.

29. If you want parity at work, you want ________________.

30. If you consummate arrangements for a trip, you ________________.

Resultado del ejercicio 3: ______

Ejercicio Adicional

Escoge 10 palabras de la lista de hoy que tu quieras aprender. Escribe 5 oraciones con ellas en el espacio de abajo.

Las otras 5 escribelas en tarjetas de trabajo con su definición y agregalas a tu lista general de palabras. Hasta ahora deberás tener 30 o más palabras en tu lista. Pídele a alguien que te pregunte por sus definiciones.

Técnicas Adquiridas

Trata de cambiar los sufijos de algunas palabras de esta lección que cambien parte del discurso y su significado. Por ejemplo, cambia *mutation* por *mutant* o *pragmatism* por *pragmatic*. Estate seguro que sabes el significado de la palabra alterada. Identifica cualquier prefijo o raíz en las palabras de esta lección.

Respuestas

EJERCICIO 1

1. e
2. f
3. i
4. c
5. j
6. k
7. d
8. b
9. a
10. g

EJERCICIO 2

11. false
12. true
13. true
14. false
15. false
16. true
17. false
18. false
19. true
20. false

EJERCICIO 3

21. respect it
22. a postponement
23. correct it
24. don't give up
25. praiseworthy
26. make fun of it
27. childish
28. sly and sneaky
29. equal treatment
30. finalize them

L·E·C·C·I·Ó·N 7

USANDO PISTAS DE CONTEXTOS PARA FIGURAR EL SIGNIFICADO

SUMARIO DE LA LECCIÓN

Esta lección está enfocada en el uso del contexto para entender el significado de las palabras. Dos clases de claves en el contexto están abarcadas: definición y contraste. Te introduce los prefijos que afectan el significado de las palabras. Otras dos clases de claves están cubiertas en la lección 8. La lista de las palabras de hoy vienen de otros lenguajes.

Las lecciones 1–6 se concentraron en figurarse los significados de palabras desconocidas, decodificando y analizando las palabras por si mismas. El concepto de contexto—las palabras y oraciones alrededor de palabras desconocidas—ya deben ser familiares para tí. Esta y la siguiente lección se enfocan más especificamente en el contexto, mostrándote cómo usar el contexto para obtener "pistas" del significado de las palabras.

Basicamente existen cuatro formas de pistas o claves en los contextos:

1. Pista de contexto por definición, en la cual el escritor define la palabra en la oración.
2. Pista de contexto por contraste, en la cual la palabra está presentada como lo contrario del significado expresado con relación al texto.
3. Pista de contexto por ejemplo, en la cual el escritor ofrece una ilustración del significado de la palabra.

4. Pista de contexto por reafirmación, en la cual el autor sigue la oración con otra oración que la clarifica.

Las primeras dos tipos de "pistas" de contexto están cubiertas en esta lección y las otras en la lección 8.

Trabajando con la Lista de Palabras

Como tu viste en la lección 1, muchas palabras del lenguaje en inglés vienen directamente de lenguajes extranjeras, con la pronunciación y el significado original e intacto. Para entender esas palabras usualmente tienes que contrar con tus habilidades para escuchar o usar el contexto, porque muchas de ellas son difíciles de pronunciar o enunciar foneticamente.

POR SONIDO Y DE VISTA

En las siguientes palabras, te proporcionamos su pronunciación y el lenguaje de su procedencia. Al menos que tu reconozcas su significado de vista o por su sonido, tendrás que depender en su contexto para determinar su significado.

aficionado (Spanish)	*uh-FIS-ee-uh-NA-doe*
apartheid (Afrikaans)	*a-PAR-tate*
carte blanche (French)	*kart BLAHNCH*
caveat (Latin)	*KAH-vee-at*
charisma (Italian)	*ka-RIZ-ma*
chutzpah (Yiddish)	*HOOTS-pah*
coterie (French)	*KOH-tuh-ree*
coup d'etat (French)	*koo day-TAH*
detente (French)	*day-TAHNT*
dilettante (Italian)	*dil-e-TANT*
ersatz (German)	*ER-zatz*
faux pas (French)	*foe PAH*
junta (Spanish)	*HOON-tah*
kibitz (Yiddish)	*KIB-itz*
malaise (French)	*mal-AYZ*
naivete (French)	*nah-eev-TAY*
pariah (Hindi)	*puh-RY-uh*
peccadillo (Spanish)	*pek-uh-DIL-oh*
pundit (Hindi)	*PUN-dit*
repertoire (French)	*REP-er-twar*

Número de palabras que sabes por sonido y de vista: ___

POR CONTEXTO

Pistas por definición

En las siguientes oraciones, las palabras de la lista de hoy están definidas directamente en la oración. Toma la siguiente oración como ejemplo: *His entourage, that is, his train of helpers, followed him everywhere.* En esta oración *train of helpers* define *entourage* y la frase *that is* siempre te dice por adelantado que la definición viene enseguida.

Pon en un circulo la definición incrustada en cada oración, tu verás que la definición te permitirá saber el significado de cada palabra.

He was known as a **pundit**, an expert, on etymology.

The commission issued a **caveat**, warning against employees' "double dipping" from the city's treasury.

Only he would have the **chutzpah**, the nerve, to ask her for a ride after insulting her.

He had a wide **repertoire,** or collection, of musical works to draw on.

After his release from prison the man remained a **pariah**, an outcast in the community.

After the revolution, power in the country was assumed by the **junta,** the group that suddenly seized power by force in a bloody **coup d'etat**.

The candidate had a certain **charisma**, a forceful personality that made people want to follow him.

He was rarely seen without his **coterie,** the group of friends he considered to be loyal to him.

After the war he sank into a **malaise,** a sadness he just couldn't overcome.

He was an **aficionado**, a devoted fan, of professional boxing.

Pistas por contraste

En el siguiente conjunto de oraciones, las palabras aparecen con pistas de contexto por contraste. Una pista de contraste ubica una palabra contrariamente a su oposita. Por ejemplo: *Though he said his art was avant garde, it really seemed rather old fashioned.* En contraste a *old fashioned, avant garde* significa *brand new* o *ahead of the times.*

Coloca en un circulo la pista de contexto en cada una de las siguientes oraciones:

Though he professed to be on a budget, he seemed to have **carte blanche** to buy whatever he wanted.

He said the bag was genuine kidskin, but I knew that it was merely **ersatz** leather.

Though her appearance was sophisticated, her manner showed her real **naivete.**

Though he tried to dismiss his actions as harmless **peccadillos**, I believed that more serious crimes were involved.

He regarded himself as a professional, but I thought he was merely a **dilettante.**

Though both parties said they could not agree, they managed to arrive at a **detente.**

She said she minded her own business, but actually she loved to **kibitz** with anyone she could find.

They said that racial integration had been achieved, but we knew that **apartheid** still existed in South Africa.

Para Personas que el Inglés no es su Lengua Nativa (y Otros)

Observa como las formas de puntuación ayudan a encontrar el contextos. Aquí están algunas maneras en que la puntuación es usada para aclarar el significado de las palabras en las oraciones.

- Las definiciones generalmente están colocadas entre comas: *He was an aficionado, a devoted fan, of the Dallas Cowboys.*
- Los ejemplos están colocados entre un punto y coma y una coma: *He issued a caveat; that is, he warned the employee that he had to come on time or be fired.*
- Los ejemplos por contraste generalmente están antecedidos por una coma: *Though he demanded carte blanche to do his own stunts in the movie, the director still limited his action sequences.*

Though he generally had good social skills, he nonetheless was remembered for his embarrassing **faux pas.**

Usando la definición y las señas de contraste, escribe tu propia definición de cada palabra de la lista de hoy en una hoja de papel aparte.

Número total de palabras que conoces: _____

DEFINICIONES

Aquí están las definiciones de las palabras de la lista de hoy. Compáralas con las definiciones que tu escribiste.

aficionado: a devoted fan
apartheid: official separation of races
carte blanche: unlimited authority
caveat: a warning
charisma: compelling personality
chutzpah: nerve, gall
coterie: a group of followers
coup d'etat: a sudden overthrow of power
detente: an agreement
dilettante: a dabbler
ersatz: synthetic, fake
faux pas: a social error
junta: a group that seizes power
kibitz: meddle
malaise: a feeling of sadness or lethargy
naivete: innocence, simplicity
pariah: an outcast
peccadillo: misdemeanor, small sin or fault
pundit: expert, authority
repertoire: a list of someone's works or skills

PRÁCTICA

Realiza el ejercicio 1 y 2 de abajo. Compara tus respuestas con las respuestas correctas de ubicadas al final de la lección. Si tu resultado fue del 80 porciento en ambos ejercicios, ve inmediatamente a la Práctica de la Evaluación. Pero si fue menor del 80 porciento realiza el ejercicio 3 de abajo como práctica adicional.

EJERCICIO 1

Asigna la definición correcta para la primera columna utilizando las palabras de la segunda columna:

_____ **1.** repertoire
_____ **2.** coterie
_____ **3.** dilettante
_____ **4.** kibitz
_____ **5.** faux pas
_____ **6.** junta
_____ **7.** aficionado
_____ **8.** pariah
_____ **9.** pundit
_____ **10.** naivete

a. a social error
b. a dabbler
c. an expert or authority
d. a devoted fan
e. offer unwanted advice
f. favorable character
g. innocence, lack of sophistication
h. a group that takes power
i. a loyal following
j. an outcast
k. a list of talents or works

Resultado del ejercicio 1: _____

EJERCICIO 2

Enseguida de cada oración, escribe una D si la oración te da una pista de contexto por definición o una C si te la da por contraste.

_____**11.** He offered a *caveat*, a warning, about the dangers of smoking.

_____**12.** Though he tried to appear energetic, we all knew that he suffered from a *malaise*.

_____**13.** The coffee, though we knew it was *ersatz*, tasted genuine.

_____**14.** She had a charming *naivete*, or lack of sophistication.

_____**15.** As a youth he had committed a harmless *peccadillo*, hardly a serious crime.

_____**16.** They reached a *detente*, or agreement, after all the negotiations were complete.

_____**17.** She liked nothing better than to *kibitz* around the neighborhood, meddling in everyone's business.

_____**18.** *Apartheid*, the official separation of the races in South Africa, is now illegal.

_____**19.** He was embarrassed that his *faux pas*, a small social misstep, had created so much fuss.

_____**20.** He claimed that the *coup d'etat*, the sudden overthrow of power in the small country, was successful.

Resultado del ejercicio 2: _____

EJERCICIO 3

Marca como falso o verdadero las siguientes afirmaciones de acuerdo al significado de las palabras subrayadas.

_____**21.** A faux pas could cause social embarrassment.

_____**22.** A dilettante is a seasoned professional.

_____**23.** An aficionado of baseball might join the coterie around a famous player.

_____**24.** A person with charisma would be an effective leader.

_____**25.** Someone with chutzpah could appear to be rude and thoughtless.

_____**26.** A pariah would be welcome in anyone's home.

_____**27.** A pundit is a humorous speaker.

_____**28.** A new bride would love an ersatz diamond.

_____**29.** A junta is usually elected by the people.

_____**30.** A coup d'etat takes place slowly over a period of time.

Resultado del ejercicio 3: _____

EXAMEN PRÁCTICO

Marca con un circulo la respuesta que mejor complete o complemente las siguientes oraciones.

31. His (charisma/chutzpah) made him a natural leader.

32. He remained a (dilettante/detente) despite his years of training in art.

33. He always felt that he was a (peccadillo/pariah) among the smart set.

34. He committed a (faux pas/malaise) that no one ever forgot.

35. His (repertoire/coterie) included many old favorites.

36. There was a major (caveat/coup d'etat) in the small country over the weekend.

37. The fact that he was a well known (aficionado/pundit) was no surprise to those who knew of his superior knowledge.

38. He made fun of the child's (naivete/ersatz).

39. The general formed a (junta/kibitz) to overthrow the government.

40. The policy of (apartheid/carte blanche) has led to great tragedy over the years.

EJERCICIO FINAL

Escoge 10 palabras de la lista de hoy con las que no te sientas segura de poder usar en tus conversaciones o en tu escritura. Escribe 5 oraciones con ellas en el espacio de abajo. Incluye todas las pistas de contexto por definición o contraste que puedas. Las otras 5 escribelas en tarjetas de trabajo con su definición y agregalas a tu lista general de palabras.

____

____

____

____

____

Técnicas Adquiridas

Regresa a tu lista de vocabulario. Escoje 5 palabras con las cuales estes teniendo problemas para recordarlas y escribe las oraciones con las pistas por contraste y por definición.

Usa todas las palabras posibles que tu puedas aprender en esta semana en tu conversación y en tu escritura. Cerciorate de definir las palabras para los escuchas que puede ser no esten familiarizados con su significado.

RESPUESTAS

EJERCICIO 1

1. k
2. i
3. b
4. e
5. a
6. h
7. d
8. j
9. c
10. g

EJERCICIO 2

11. D
12. C
13. C
14. D
15. C
16. D
17. D
18. D
19. D
20. D

EJERCICIO 3

21. true
22. false
23. true
24. true
25. true
26. false
27. false
28. false
29. false
30. false

PRÁCTICA DE LA EVALUACIÓN

31. charisma
32. dilettante
33. pariah
34. faux pas
35. repertoire
36. coup d'etat
37. pundit
38. naivete
39. junta
40. apartheid

L · E · C · C · I · Ó · N 8

MÁS PISTAS DE CONTEXTO

SUMARIO DE LA LECCIÓN

Esta lección está enfocada en dos tipos de pistas de contexto: ejemplos y por reafirmación. La lista de palabras presenta palabras que vienen de nombres de personas, lugares o eventos. El contexto es siempre la mejor manera de determinar el significado de tales palabras.

Para ahora, ya habrás notado varios hechos acerca del lenguaje inglés:

- Es visualmente confuso y foneticamente irregular.
- Las palabras tienen diferentes formas para diferentes propósitos—las partes del discurso.
- Las palabras generalmente comparten elementos que ayudan a señalizar su significado, como raíces y afijos.
- Algunas veces el significado de una palabra es claro dentro de su contexto.
- Algunas palabras vienen directamente de otros lenguajes.

La dificultad del lenguaje inglés parcialmente radica en su complejidad. El gozo del lenguaje inglés está en su habilidad de crecer y adoptar nuevas palabras de muchas fuentes. En esta lección junto con la 9 y la 10—la última lección de vocabulario antes de abordar la ortografía—tu verás cómo nuevas palabras vienen dentro de los lenguajes, cuyas fuentes proceden de nombres de lugares, nombres personales, referencias literarias o históricas y de la nueva tecnología.

Esta lección se enfoca también en dos tipos de pistas de contexto adicionales que te ayudarán a determinar lo que significa una palabra: pistas de contexto por ejemplo y por reafirmación. Estos tipos de pistas son de particular ayuda con palabras que han sido derivadas de nombres y con palabras provenientes de la nueva tecnología, porque muchos tipos de palabras no tienen pistas fonéticas o estructurales que ayuden a saber su significado.

Trabajando con la Lista de Palabras

La lista de palabras de hoy han sido obtenidas de nombres de personas o lugares, algunos son reales y otros ficticios. El significado presente de dichas palabras vienen de características o eventos asociados con el nombre. Por ejemplo la palabra *boycott*, la cual significa negarse a comprar o pagar por algo, viene del nombre de un propietario irlandes quien mandaba a la policia a aquellos inquilinos que se negaban a pagar su renta.

POR SONIDO Y DE VISTA

Lee las siguientes palabras y ve cuantas reconoces por su sonido o de vista.

bedlam	*BED-lum*
chauvinistic	*show-vuh-NIS-tik*
cynical	*SIN-i-kul*
draconian	*dra-KOH-nee-un*
erotic	*e-ROT-ik*
forensic	*fuh-REN-sik*
gerrymander	*JER-ee-man-der*
jovial	*JO-vee-al*
masochist	*MAS-uh-kist*
maudlin	*MAWD-lin*
maverick	*MAV-er-ik*
mecca	*MEK-uh*
mentor	*MEN-tor*
mesmerize	*MEZ-mer-ize*
narcissistic	*nar-si-SIS-tik*
quixotic	*kwik-SOT-ik*
stoic	*STOW-ik*
tantalize	*TAN-tuh-lize*
titanic	*tie-TAN-ik*
utopia	*yoo-TOE-pee-uh*

Número de palabras que sabes por sonido y de vista: ____

POR CONTEXTO

Pistas por ejemplo

Diez de las palabras de la lista de hoy están presentadas con pistas de contexto por ejemplo. En las siguientes oraciones, el escritor usa ejemplos para ilustrar el significado de las palabras. Pon en un circulo los ejemplos que te ayuden a figurarte el significado de las palabras.

The harsh and punishing laws passed by this legislature were truly **draconian** in nature.

The magician kept every eye on his spellbinding performance, which was completely **mesmerizing** to the audience.

Broadway is the **mecca** of the musical theater and draws performers from all over the world.

The candidate tried to envision a **utopian** society in which all social problems would be solved.

His **stoic** manner during his last illness won the respect of everyone in the hospital.

His outrageous opinion on the place of women in society suggested unbridled **chauvinism.**

His experience with government corruption had made him **cynical** about the motives of others.

His concern with his personal appearance and preoccupation with his own problems made him seem too **narcissistic** for her taste.

The boss's **tantalizing** promise of a promotion made her decide to stay at her job.

He seemed to take an almost **masochistic** pleasure in reliving his horrible experience.

Pistas por reafirmación

Aquí están las otras 10 palabras en las oraciones que contienen pistas de contexto por reafirmación. En las siguientes oraciones el escritor ha clarificado el significado de una palabra desconocida escribiendo una oración o frase que lo clarifique.

He was considered a real **maverick** in the Congress. He refused to follow his party's platform on nearly every issue.

He threatened to **gerrymander** the district. His redrawing of election lines to favor his candidate would have meant defeat to the other party.

She was a **jovial** hostess. She was always in the midst of the group with a humorous story or joke to raise everyone's spirits.

Unfortunately she became **maudlin** when she drank too much. She would weep and tell long sentimental stories of her unhappy childhood.

He honed his **forensic** skills in college. He participated on the debate team and was speaker at his commencement ceremony.

He mounted a **quixotic** campaign. He pursued his dream, though he knew he had little chance of success.

The streets of the city were **bedlam** during the earthquake. The noise and confusion were beyond anything anyone had seen before.

The writer always recalled her college **mentor**. She said that the professor's advice had always inspired her.

A **titanic** invasion of leaf cutter ants swept over the land. It was a gigantic infestation.

The movie contained a very **erotic** love scene. Its sexual nature earned it an R rating.

Número total de palabras que conoces: _____

En una hoja aparte, escribe tus propias definiciones para cada palabra basándote en las pistas del contexto en cada oración.

DEFINICIONES Y FUENTES

Aquí están las definiciones de las palabras de la lista de hoy. También hay una explicación del origen de los nombres de las palabras, las cuales te ayudarán al significado de la palabra.

bedlam: a scene of madness and confusion
Bethlehem hospital in London was an asylum for the insane.

chauvinistic: blindly loyal to a cause, gender, or country
The loyalty of Nicholas **Chauvin** to his leader, Napoleon, was legendary.

cynical: distrustful of the motives of others
The **Cynics** were a school of philosophy in ancient Greece who emphasized principles of self-reliance and criticism of society.

draconian: harsh and severe, usually pertaining to laws

The ancient Athenian lawmaker **Draco** is remembered for writing an extremely harsh code of laws.

erotic: pertaining to physical love

Eros was the god of love in Greek mythology.

forensic: pertaining to public speaking or to the legal aspects of medicine

The **forum** in ancient Rome was the place for public speaking and the center of the law courts.

gerrymander: to redraw district boundaries to favor a particular candidate

Elbridge **Gerry** was an 18th-century Massachusetts politician who redrew election lines to favor particular voting blocs. One such district resembled the outline of a salamander. Gerry's name was joined to the last part of *salamander* to make *gerrymander.*

jovial: happy, outgoing, sociable

In Greek mythology, **Jove** was the chief god. He smiled indulgently on his people.

masochist: one who takes pleasure in pain, particularly self-inflicted pain (the adjective form is **masochistic**)

Leopold von Sacher **Masoch** was a 19th-century writer who found pleasure in being punished or abused.

maudlin: tearfully sentimental

In medieval art and theater, Mary **Magdalene** was often depicted as weeping excessively. The word *maudlin* comes from the old pronunciation of her name and indicates any weak emotionalism.

maverick: a political independent or nonconformist free spirit

Samuel **Maverick** was a Texas rancher who refused to brand his animals. Therefore, a person who doesn't follow institutional policy is considered to be a **maverick.**

mecca: a goal or place of pilgrimage for groups of people

Mecca, the birthplace of Mohammed in Arabia, is the goal of pilgrimages for the faithful of Islam.

mentor: a trusted advisor or counselor

In Greek mythology, **Mentor** was Odysseus's friend who guided his actions.

mesmerize: to fascinate, hold spellbound

Friedrich **Mesmer** was a 19th-century hypnotist, popular in Vienna and Paris for his theory of "animal magnetism."

narcissistic: self-absorbed, conceited

In Greek mythology, **Narcissus** was a handsome youth who drowned by falling into a pool in which he saw his own reflection.

quixotic: showing an impractical level of idealism

Miguel Cervantes's book *Don* ***Quixote*** is named for its hero, who pursues dreams that are really illusions, such as trying to joust with windmills because he thinks they are actually giants.

stoic: bearing suffering without complaint

The **Stoa** was an area in ancient Athens where a school founded by the philosopher Zeno met. The school emphasized emotional control and enduring hardships bravely.

tantalize: to tease or to hold just out of reach

Tantalus in Greek mythology was doomed to the underworld where everything he needed was in sight but out of reach.

titanic: gigantic (the noun form is **titan,** a giant)

The **Titans** were the gods of great strength and power in Greek mythology.

utopia: an ideal society

Thomas More's book ***Utopia,*** written in the sixteenth century, described an ideal state. The word is also used satirically as the name of the country in the twentieth-century novel *Brave New World* by Aldous Huxley.

PRÁCTICA

Realiza el ejercicio 1 y 2 de abajo. Compara tus respuestas con las respuestas correctas de ubicadas al final de la lección. Si tu resultado fue del 80 porciento en ambos ejercicios, ve inmediatamente a la Práctica de la Evaluación. Pero si fue menor del 80 porciento realiza el ejercicio 3 de abajo como práctica adicional.

EJERCICIO 1

Asigna la definición correcta para la primera columna utilizando las palabras de la segunda columna.

_____ **1.** jovial
_____ **2.** draconian
_____ **3.** quixotic
_____ **4.** mentor
_____ **5.** mesmerize
_____ **6.** chauvinistic
_____ **7.** stoic
_____ **8.** titan
_____ **9.** utopia
_____ **10.** mecca

a. an ideal society
b. a wise counselor or friend
c. blindly loyal to a cause or a person
d. indifferent to pleasure or pain
e. a place of pilgrimage
f. a giant punished by the gods
g. foolishly idealistic
h. harsh, punitive
i. to hypnotize
j. jolly, sociable
k. a giant of great strength

Resultado del ejercicio 1: _____

EJERCICIO 2

Marca como falso o verdadero las siguientes afirmaciones de acuerdo al significado de las palabras subrayadas.

_____ **11.** A cynical person would be suspicious of the motives of others.

_____ **12.** Erotic love is physical attraction.

_____ **13.** The purpose of gerrymandering a district is to ensure a balanced ticket.

_____ **14.** Forensic skills are needed by trial lawyers.

_____ **15.** A maverick is a party loyalist.

_____ **16.** A narcissistic person would likely be a good gardener.

_____ **17.** Bedlam would be a good place to seek peace and quiet.

_____ **18.** Cooking smells would be tantalizing to a hungry man.

_____ **19.** A maudlin person is asking for sympathy but isn't likely to get it.

_____ **20.** A masochist always pursues pleasure and avoids pain.

Resultado del ejercicio 2: _____

EJERCICIO 3

Escribe en el espacio en blanco la palabra que mejor se ajuste a la pista de contexto dado.

21. A __________, a society with an ideal way of life, is a dream, not a reality.

22. Though he professed to be interested in others, he was really __________ at heart.

23. He was a medical __________. He refused to follow the dictates of the hospital when treating critically ill patients.

24. Though she personally was quite upbeat and optimistic, her writing was full of __________ sentiments of death and loss.

25. Being the understudy in the show __________ her with a glimpse of stardom.

26. "Why do you stay in these abusive relationships?" he said. "You must be a real __________."

27. The football coach was a real __________ to the young men on his team. He spent a great deal of time offering them guidance and wise counsel.

28. In some countries torture and other __________ punishments await those who traffic in drugs.

29. Bill Gates is often considered a __________ in the computer industry. His company's giant presence dwarfs the competition.

30. He had become __________ in his old age. He distrusted the motives of most people with whom he came in contact.

Resultado del ejercicio 3: _____

EJERCICIO FINAL

Escoge 5 palabras de la lista de hoy y escribe unas oraciones con cada una de ellas en el espacio de abajo. Al escribir tus oraciones trata de incluir todas las pistas de contexto y trata de identificar que clase de pista has usado. Las otras 5 escribelas en tarjetas de trabajo con su definición y agregalas a tu lista general de palabras.

____

____

____

____

____

Técnicas Adquiridas

Regresa a tu lista de vocabulario. Escoje 5 palabras con las cuales estes teniendo problemas para recordarlas y escribe las oraciones con las pistas por contraste por ejemplo y por reafirmación.

Usa todas las palabras posibles que tu puedas aprender en esta semana en tu conversación y en tu escritura. Cerciorate de definir las palabras para los escuchas que puede ser no esten familiarizados con su significado.

Respuestas

EJERCICIO 1

1. j
2. h
3. g
4. b
5. i
6. c
7. d
8. k
9. a
10. e

EJERCICIO 2

11. true
12. true
13. false
14. true
15. false
16. false
17. false
18. true
19. true
20. false

EJERCICIO 3

21. utopia
22. narcissistic
23. maverick
24. maudlin
25. tantalized
26. masochist
27. mentor
28. draconian
29. titan
30. cynical

L·E·C·C·I·Ó·N

PALABRAS PROCEDENTES DEL MUNDO LABORAL

SUMARIO DE LA LECCIÓN

Esta y la siguiente lección se enfocan en estrategias para aprender nuevas palabras que te ayudaran en el mundo laboral. La lista de palabras de hoy incluyen términos que son usados en todo tipo de lugares de trabajo.

Ser parte de la fuerza laboral de hoy significa encontrarse con nuevas palabras todo el tiempo. Mantener el cambio de terminología te ayudará a maximar tu poder de escucha y te satisfacerá en tu trabajo. Como trabajadores que han sido destituídos de sus empleos, ellos tienen que llegar a ser más flexibles y tienen que tener más precaución (y habilidad) en el mercado de trabajo, más allá del área estrecha en la cual fueron preparados al principio. Esta y la siguiente lección presenta vocabulario de lugares de trabajo. Esta lección se enfoca en términos generales asociados con empleos, mientras que la lección 10 presenta términos de la nueva y emergente tecnologías que todos los trabajadores deben aprender, en orden de mantener la tendencia en el lugar de trabajo.

Trabajando con la Lista de Palabras

POR SONIDO Y DE VISTA

Ve cuantas palabras identificas por vista o de sonido, las cuales han sido obtenidas del mundo laboral.

arbitrage	*AR-bit-traj*
arbitration	*ar-bi-TRAY-shun*
beneficiary	*ben-uh-FI-shee-er-ee*
capital	*KAP-i-tul*
consortium	*kun-SOR-shee-um*
deduction	*de-DUCK-shun*
discrimination	*dis-krim-uh-NAY-shun*
entitlement	*en-TIE-tul-ment*
entrepreneur	*en-truh-pruh-NOOR*
equity	*EK-wi-tee*
exempt	*eg-ZEMPT*
fiscal	*FIS-cul*
franchise	*FRAN-chize*
harassment	*huh-RASS-ment*
jargon	*JAR-gun*
nepotism	*NEP-uh-tiz-um*
perquisite	*PER-kwi-zit*
prospectus	*pruh-SPEK-tus*
subsidy	*SUB-si-dee*
tenure	*TEN-yoor*

Número de palabras que sabes por sonido o de vista: _____

POR CONTEXTO

Ahora encuentra las palabras en su contexto.

To look at the workplaces of many Americans today is to see a number of serious problems. Private industry has been marked by **fiscal** mismanagement that has threatened the financial well-being of many large companies. Government **subsidies**, monies that support smaller enterprises, have been vastly curtailed. Many workers still face **discrimination** in workplaces that choose not to hire or promote on the basis of sex, skin color, or ethnic background. Many public employment arenas have been accused of **nepotism,** in which workers related to persons in authority are given preference in hiring. The high cost of expensive **perquisites** ("perks") has led to many industries eliminating the special privileges accorded their executives. Men and women alike have faced sexual **harassment** at their jobs. This kind of intimidation has been threatening to workers who feel that they must give into the demands of their employers or lose their jobs. Even **tenured** faculty at colleges and universities are losing the security promised by their guarantee of permanent employment. The response to these problems has been in part a trend toward starting new businesses. This has created a whole new group of **entrepreneurs** who seek to organize and promote new ventures and often provide the **capital,** or start-up money, for that purpose.

Aquí están el resto de las palabras en las oraciones que contienen pistas de contexto. A lado de cada oración identifica el tipo de pista utilizada: reafirmación (R), contraste (C), ejemplo (E), o por definición (D).

______ He is the sole **beneficiary** of her estate. He will be given all the property when the old woman dies.

______ They determined to decide the matter through **arbitration**; that is, they gave the decision-making power to an independent person.

______ **Arbitrage**, the buying of bonds and other securities to sell at a higher price, is a risky business.

_____ The joining of the three companies into one made for a powerful **consortium** that would dominate the industry.

_____ Restaurants like McDonald's and Burger King are **franchises** because they are allowed to operate under rules set out by the parent company.

_____ He took his children as tax **deductions** so that he could subtract the cost of their care from his taxes.

_____ The company published a **prospectus** to offer details of its plan for expansion. This plan offers potential investors pertinent information about the plan and the company.

_____ Though she was accused of being unfair in her demands, she claimed she only wanted **equity** in what was owed her.

_____ She was **exempt** from duty that day. She was excused because she had been injured.

_____ She felt that transportation money was an **entitlement**; that is, something that is hers by right.

_____ Learning the **jargon**, or language, of a particular interest or job is an important part of learning about the workplace.

Número total de palabras que conoces: _____

En una hoja aparte, escribe tus propias definiciones para cada palabra en la lista.

DEFINICIONES

Compara las definiciones que tu escribiste con las definiciones abajo enlistadas. ¿Estuviste cerca de las palabras de la lista de hoy? También hay una explicación del origen de los nombres de las palabras, las cuales te ayudarán al significado de la palabra.

arbitrage: the buying of "paper"—stocks, bonds, and securities—to resell for a quick profit

arbitration: the process by which disputes are settled by a third party

beneficiary: one who will benefit from something

capital: accumulated wealth, used to gain more wealth

consortium: a joining of two or more businesses for a specific purpose

deduction: the subtraction of a cost from income

discrimination: the act of making distinctions in treatment between one group of people and another

entitlement: special privilege or benefit allowed to a group of people

entrepreneur: a businessperson whose special interest is in starting new companies

equity: fairness or evenness of treatment, or the value of property after all claims have been made against it

exempt: excused from some rule or job

fiscal: pertaining to money or finance

franchise: a business that is owned by a parent company but run by independent operators under rules set by the parent company

harassment: coercion or undue pressure

jargon: the specialized vocabulary of an industry or interest group

nepotism: the employment or promotion of friends and family members

perquisite: a privilege or bonus given in addition to regular salary

prospectus: a published report of a business and its plans for a program or offering

subsidy: a grant of money for a particular purpose

tenure: the state or period of holding a particular position, or a guarantee of employment to teachers who have met particular standards

PRÁCTICA

Realiza el ejercicio 1 y 2 de abajo. Compara tus respuestas con las respuestas correctas de ubicadas al final de la lección. Si tu resultado fue del 80 porciento en ambos ejercicios, ve inmediatamente a la Práctica de la Evaluación. Pero si fue menor del 80 porciento realiza el ejercicio 3 de abajo como práctica adicional.

EJERCICIO 1

Asigna la definición correcta para la primera columna utilizando las palabras de la segunda columna.

_____ **1.** tenure
_____ **2.** jargon
_____ **3.** harassment
_____ **4.** deduction
_____ **5.** exempt
_____ **6.** perquisite
_____ **7.** subsidy
_____ **8.** franchise
_____ **9.** equity
_____ **10.** entitlement

a. excused from
b. special privilege
c. financial support
d. a subtraction from the total
e. undue pressure
f. an addition to the total
g. benefits given to a particular group
h. fairness
i. state or term of employment
j. the language of a trade or job
k. a business owned by a parent company

Resultado del ejercicio 1: _____

EJERCICIO 2

Marca como falso o verdadero las siguientes afirmaciones de acuerdo al significado de las palabras subrayadas.

_____ **11.** Discrimination allows for fair hiring of all applicants.

_____ **12.** A consortium allows businesses to join together in the marketplace.

_____ **13.** The purpose of a prospectus is to explain the past history of a company.

_____ **14.** A beneficiary would gain nothing on the death of a policy holder.

_____ **15.** An entrepreneur is an independent businessman.

_____ **16.** Relatives of an executive whose company has rules against nepotism would be likely to get a job.

_____ **17.** Arbitrage involves the buying of securities for resale.

_____ **18.** In arbitration, disputes are settled by a disinterested third party.

_____ **19.** Most businesses need capital to get started.

_____ **20.** Fiscal transactions are financial in nature.

Resultado del ejercicio 2: _____

EJERCICIO 3

Escribe en el espacio en blanco la palabra que mejor se ajuste a la pista de contexto dado con la lista de palabras de hoy.

21. When you learn the language of a particular workplace, you are learning its __________.

22. If you use an independent person to settle a dispute, you are using __________.

23. If you manage a store according to the rules of a parent company, you own a __________.

24. We would all like to be __________ from paying too many taxes.

25. Promotions often bring __________, or special privileges.

26. When a teacher is given a guarantee of permanent employment, she has __________.

27. When you want to subtract certain expenses from your taxes, you want __________.

28. If you want information about a new offering by a company, you should read the __________.

29. If a boss subjects an employee to inappropriate pressure, the boss is guilty of __________.

30. The person who stands to gain from a bequest in a will is the __________.

Resultado del ejercicio 3: _____

EXAMEN PRÁCTICO

Marca con un circulo en la palabra que complete correctamente las siguientes oraciones.

31. A teacher hopes to get (tenure/capital) to insure his or her employment.

32. Many labor disputes are settled by (arbitrage/arbitration).

33. Hiring or promoting relatives in a business is called (entitlement/nepotism).

34. A group of companies might join together to create a (franchise/consortium).

35. Special privileges enjoyed by a few employees are called (beneficiaries/perquisites).

36. When an employer takes unfair advantage of an employee, it is called (harassment/discrimination).

37. When you seek to subtract an amount from the total, you are seeking (equity/a deduction).

38. When you seek financial support, you are looking for a(n) (exemption/subsidy).

39. For information about making an investment, you should get advice from a(n) (prospectus/entrepreneur).

40. The language of the workplace is called (fiscal/jargon).

Consejos para la Evaluación

Cuando tu tienes que escoger una palabra, de entre 2 o más opciones, replantea la oración como una pregunta falsa o verdadera con cada opción que se te ofrece. Por ejemplo, en la pregunta 38 del Examen Práctico, replantea la oración usando ambas opciones:

When you seek financial support, you are looking for a subsidy. True or false?

When you seek financial support, you are looking for an exemption. True or false?

Ve cual tiene más sentido. También busca la palabra clave en la oración que te dará la pista para la opción correcta. En esta pregunta la palabra es *subsidy*.

EJERCICIO FINAL

Escoge 10 palabras de la lista de hoy. Escribe cinco oraciones en las líneas en blanco de abajo, incluyendo pistas de contexto cuando sea possible. Las otras 5 escribelas en tarjetas de trabajo con su definición y agregalas a tu lista general de palabras. Considera escribir una oración con las pistas de contexto en las tarjetas para que te permita recordar las palabras.

____

____

____

____

____

Técnicas Adquiridas

Busca por las raíces, prefijos y sufijos que aprendiste en lista de palabras del vocabulario de esta lección. Cerciorate del significado de las raíces, prefijos y sufijos y observa como son empleados en el significado de cada palabra.

Encuentra una copia de un memorandum o carta de trabajo en tu empleo o selecciona un artículo de la sección de negocios del periódico. Ve si tu puedes ubicar cinco palabras más relacionadas a negocios que tu puedas agregar a tu lista de vocabulario u ortografía.

RESPUESTAS

EJERCICIO 1

1. i
2. j
3. e
4. d
5. a
6. b
7. c
8. k
9. h
10. g

EJERCICIO 2

11. false
12. true
13. false
14. false
15. true
16. false
17. true
18. true
19. true
20. true

EJERCICIO 3

21. jargon
22. arbitration
23. franchise
24. exempt
25. perquisites
26. tenure
27. deductions
28. prospectus
29. harassment
30. beneficiary

PRÁCTICA DE EVALUACIÓN

31. tenure
32. arbitration
33. nepotism
34. consortium
35. perquisites
36. harassment
37. a deduction
38. subsidy
39. prospectus
40. jargon

L·E·C·C·I·Ó·N 10

NUEVAS PALABRAS: VOCABULARIO EMERGENTE

SUMARIO DE LECCIÓN

En esta lección se continuará con el estudio del aprendizaje de nuevas palabras. Al terminar con todos los ejercicios del capítulo, tú estarás familiarizado con terminos que son relativamente nuevos en el idioma inglés. Conjuntamente con el desarrollo de la technología de computadoras y de comunicaciones, se ha introducido un nuevo grupo de palabras, muchas de las cuales estan incluidas en la lista de hoy.

Así como los lugares de trabajo cambian y se expanden a nuestro alrededor, nuestro language hace lo propio. Todo el tiempo nuevas palabras son introducidas en nuestro lenguaje. Muchas de las nuevas palabras, por ejemplo, han sido creadas para la implementación de las nuevas technologias usadas por la gente. Esta lección te ayudará a aprender algo de la nueva terminología que se usa en el trabajo y en el mundo.

Trabajando con la Lista de Palabras

POR SONIDO Y DE VISTA

Ve cuántos de estos términos reconoces al verlos o por la manera en que los pronuncias.

cursor	*KUR-ser*
cybernetics	*sy-ber-NET-iks*
database	*DAY-ta-base*
e-mail	*EE-mail*
hacker	*HAK-er*
hardware	*HARD-ware*
icon	*EYE-kon*
interface	*IN-ter-face*
Internet	*IN-ter-net*
modem	*MO-dem*
monitor	*MON-uh-ter*
mouse	*MOWS*
network	*NET-werk*
on-line	*ON-line*
peripherals	*puh-RIF-ur-elz*
software	*SOFT-ware*
spreadsheet	*SPRED-sheet*
user-friendly	*YOO-zer FREND-ly*
voice mail	*VOYS mail*
web sites	*WEB sites*

Número de palabras que sabes por sonido y de vista: ____

POR CONTEXTO

Ahora ve cuántas palabras puedes agregar a tu lista, derivadas de su contexto.

To visit a computer supermarket these days is to step into a dizzying world of **cybernetics** by way of computer applications unimagined even a generation ago. A dazzling array of **software** packages allows a huge choice of programs to load onto the home computer. Brightly colored screens on **monitors,** or video display terminals, invite the browser to use a **mouse,** a **peripheral** that allows users to point to the operations they want to use on the computer. They can also explore the **Internet,** an international network of computer networks, connected by means of a telephone device called a **modem**. Interested consumers can learn how to correspond electronically from their home computers by **e-mail** and how to organize household accounts on a **spreadsheet** program that aids recordkeeping. It's part of the brave new world of computers—and the wave of the future for us all.

The industry had created a major **database** that held the information committed to its computer system.

He bought all the **hardware** he needed for his system, including a new hard drive.

He wanted his computer to **interface**, or connect and operate, with another system.

Her eyes followed the small blinking line, or **cursor**, that showed where the work was being done on the computer screen.

The system had been invaded by a **hacker**, someone who uses a computer to penetrate other computer systems and networks.

The new operating system offered an interesting array of **icons**, or small pictures on the screen that represent applications or files on the computer.

He left a message on her **voice mail**, the only way of reaching her when she was away.

The sales representative assured him that the system was **user-friendly,** that is, easy to operate and understand.

The writer was able to use the entire **network** of computers that shared a database.

He was thrilled to be able to locate information on a **web site**, a "location" on the Internet's World Wide Web.

The teacher wanted her students to be **on-line** at their computers so that they could have direct access to the information available on the Internet.

Número total de palabras que conoces: _____

DEFINICIONES

Abajo están las definiciones de la lista de palabras de hoy. Usa estas definiciones para acompletar el ejercicio siguiente.

cursor: the small blinking arrow or line that signals where your data will be entered on a computer monitor

cybernetics: the study of computer technology

database: information stored in a specific format, usually available to a user through a computer

e-mail: electronic mail, written communication sent from one computer to another

hacker: a person who uses computers recreationally and sometimes illegally for the purpose of invading other computer systems and networks

hardware: the physical components of a computer system, including screen, keyboard, central processing unit, and so on

icon: a small picture that identifies an application or file on a computer

interface: the way in which two systems come together to perform a joint function

Internet: a group of networks accessible to the user via modems; vast quantities of information are available through the Internet

modem: a modulator/demodulator, a device that allows signals from one computer to speak to another computer through telephone lines

monitor: a video screen on which computer programs can be viewed

mouse: a pointing device that allows users to indicate on the screen what operation they want to use

network: a group of computers linked through a shared communication code

on-line: having direct access to information through the computer, usually by being connected to a computer network

peripherals: devices connected to computers to allow additional functions: printers, pointing devices such as a mouse or touchpad, and modems.

software: the programs that tell the computer what functions to perform

spreadsheet: a computer program that allows the user to enter and manipulate data, especially numbers

user-friendly: describes computer applications that are easy to learn and use

voice mail: a system that allows a telephone to take or leave messages electronically

web site: a "location" on the part of the Internet known as the World Wide Web, which provides graphics and sound as well as text

PRÁCTICA

Realiza el ejercicio 1 y 2 de abajo. Compara tus respuestas con las respuestas correctas de ubicadas al final de la lección. Si tu resultado fue del 80 porciento en ambos ejercicios, ve inmediatamente a la Práctica de la Evaluación. Pero si fue menor del 80 porciento realiza el ejercicio 3 de abajo como práctica adicional.

EJERCICIO 1

Asigna la definición correcta para la primera columna utilizando las palabras de la segunda columna.

_____ **1.** monitor
_____ **2.** cursor
_____ **3.** mouse
_____ **4.** modem
_____ **5.** icon
_____ **6.** software
_____ **7.** spreadsheet
_____ **8.** voice mail
_____ **9.** cybernetics
_____ **10.** e-mail

a. electronic message device
b. software for using figures
c. programs that tell the computer what to do
d. electronic written communication
e. computer video screen
f. device that allows two computers to interact
g. pointing device
h. computer technology
i. design programs
j. picture that indicates a computer application
k. indicator of your place on the computer screen

Resultado del ejercicio 1: _____

EJERCICIO 2

Marca como falso o verdadero las siguientes afirmaciones de acuerdo al significado de las palabras subrayadas.

_____ **11.** User-friendly computers are popular among new computer users.

_____ **12.** A hacker is a nickname for a professional computer engineer.

_____ **13.** Peripherals can be used separately from the computer itself.

_____ **14.** Computers communicate with each other through the Internet.

_____ **15.** A computer database is a means of sorting and storing information.

_____ **16.** A printer requires an interface with the computer.

_____ **17.** A computer does not have to be on-line to get or give information via the Internet.

_____ **18.** Hardware refers to the programs available to load on the computer.

_____ **19.** Web sites are programs for engineers.

_____ **20.** A company usually has a network of computers that share data.

Resultado del ejercicio 2: _____

EJERCICIO 3

Escribe en el espacio en blanco la palabra o el término que mejor se ajuste con la lista de palabras de hoy.

21. A device that allows a computer to transfer information to another computer over telephone lines is called a(n) __________.

22. A pointing device that lets the user identify a particular application on a computer is a(n) __________.

23. Small pictures that indicate computer functions are __________.

24. You can use __________ to leave a message for someone electronically on the telephone.

25. A computer lover who uses computers to gain information, sometimes illegally, from many databases is called a __________.

26. The science of using computer technology to accomplish a communication or information goal is called __________.

27. The small signal that locates where computer activity is taking place is the __________.

28. A program that lets the user enter and calculate figures is called a __________.

29. Devices that are connected to a computer and perform related functions are called ________.

30. A group of networks that is accessible to users through the modem is called the __________.

Resultado del ejercicio 3: _____

EJERCICIO FINAL

Escoge 10 palabras o términos de la lista de hoy. Escribe 5 oraciones en las líneas en blanco de abajo.

____

____

____

____

____

Las otras 5 escribelas en tarjetas de trabajo con su definición y agregalas a tu lista general de palabras. En este punto, ya debes tener al menos 50 palabras en tu lista personal. Pídele a un amigo que te haga una prueba con estas nuevas palabras.

Técnicas Adquiridas

Muchas de las palabras en esta lección fueron definidas por contexto. Escribe oraciones que te den pistas por definición, contraste, ejemplo o reafirmación.

Explica lo que para alguno de tus amigos no familiar con la tecnología de computadoras significan estas palabras.

Respuestas

EJERCICIO 1

1. e
2. k
3. g
4. f
5. j
6. c
7. b
8. a
9. h
10. d

EJERCICIO 2

11. true
12. false
13. false
14. true
15. true
16. true
17. false
18. false
19. false
20. true

EJERCICIO 3

21. modem
22. mouse
23. icons
24. voice mail
25. hacker
26. cybernetics
27. cursor
28. spreadsheet
29. peripherals
30. Internet

ORTOGRAFÍA

Al principio de este libro te mostramos como trabajar para desarrollar tu vocabulario, en parte porque algunas personas te juzgan por la manera en que te expresas al hablar y al escribir. Las palabras que usas representan la manera "más pública" en que tu reflejas tus pensamientos y sentimientos. Tener un atractivo vocabulario, pero permitir que las palabras sean escritas con faltas de ortografía, es similar que vestir bien, pero sin haber peinado y arreglado tu cabello. El paquete completo no lo hace aparecer con apariencia atractiva. El siguiente conjunto de lecciones, por lo tanto, está diseñado para ayudarte a estar seguro que las palabras que empleas con fines públicos lucirán tan bien como sueñan.

L·E·C·C·I·Ó·N 11

ENTENDER LA ORTOGRAFÍA

SUMARIO DE LA LECCIÓN

Esta lección te proporcionará algunas estrategias globales para mejorar tu ortografía al mostrarte como combinar diferentes recursos derivados de tus sentidos. También aprenderás las reglas y las excepciones del uso de combinar las vocales *ie* y *ei*.

Tu viste en la sección de vocabulario de este libro que el lenguaje inglés es foneticamente irregular generalmente. Si tu simplemente escribiste palabras por la manera en que suenan, tu te encontrarás con algunas formas muy peculiares de ortografía:

In the furst haf uv this buk wee lerned sum wayz to lurn noo wurds and to make them part uv our reeding, lisning, or speeking vokabyoolarryz.

El ojo siempre está influenciado por el vocabulario que suena mejor, porque sólo luce muy extraño. Similarmente, si tratas te enunciar cada una de las palabras y pronunciarlas exactamente como están escritas, tu encontrarás algunas pronunciaciones muy extrañas:

*In the second half of the book we will see how words (**wore**-dz?) require us to learn special (**spes-ee**-al?) techniques (techni-**cues**?) to help us see to it that we learn (l-**ear**-n?) to spell them accurately (aku-**rate**-ly?).*

El oído está influenciado por la pronunciación de lo que tu ves, de acuerdo estrictamente a las reglas fonéticas. Es por esto que tu tienes que usar sentidos diferentes para aprender como deletrear con precisión.

Cómo Aprender a Deletrear

Aquí estén algunos consejos generales y multisensoriales para estudiar la ortografía:

- **Usa tus ojos.**
  Mira las palabras cuidadosamente. Con un marcador o una pluma, resalta las partes de las palabras difíciles de aprender.
  Visualiza la palabra con tus ojos cerrados.
- **Usa tus oídos.**
  Escucha los sonidos de palabras que escuches en conversaciones en radio o televisión.
  Escucha el sonido al deletrear palabras: pídele a alguien que te dicte y te deletree las palabras y presta atención.
- **Usa tus manos.**
  Escribe la palabra muchas veces, deletréala en tu cabeza al estarla escribiendo.

Existen dos grandes obstáculos para deletrear palabras por sonido o utilizando la vista. Una vez que ya hemos entendido que el lenguaje inglés es foneticamente inconsistente y visualmente confuso, hay que agregar el hecho de los regionalismos, es decir, la manera que cada región lo utiliza. En diferentes estados de los Estados Unidos, la gente pronuncia algunas palabras diferentes, generalmente de manera difícil de escuchar para poder deletrear. Por ejemplo:

- En algunas partes del país, la palabra *asked* es pronunciada como *ast.* Particularmente en el Noreste del país, tu la escucharás pronunciar como *aksed.*
- En el sur y otras áreas, mucha gente no pronuncia la *g* final en los finales con *ing,* por lo tanto escucharás *goin, startin, restin* y palabras similares.
- Algunas personas en el norte pronuncian *th* como *d,* por lo tanto tu escucharás *dese, dose,* y *dem.*

Así pues, es difícil poner mucha fe en aprender a deletrear palabras escuchando su pronunciación solamente. Aquí hay cuatro estrategias que pueden guiar tu camino a través de sistemas difíciles y darte algunas formas de desarrollar una buena ortografía como parte definitiva en tu vida.

1. **Aprende las reglas, pero espera algunas excepciones.** La lección siguiente tiene particular atención tanto en las reglas como en las excepciones para dificultades particulares en ortografía.

2. **Usa recursos nemotécnicos (trucos de memoria) para ayudarte a recordar la ortografía de palabras desconocidas o confusas.** Este libro te proporcionará valiosos recursos para memorizar, además de los que tu puedes figurarte por ti mismo. Por ejemplo, si tu aprendes mejor escuchando, elabora pistas auditivas con los sonidos de las palabras. Pero si aprendes mejor a través de tu vista, utiliza señales visuales como marcar algunas partes de las palabras con un color de tinta especial o con un marcador.

3. **Usalo o piérdelo.** Trata de usar la ortografía de cada palabra que tu aprendas en algunas maneras significativas. Al ir escribiéndo las palabras, deletréalas en tu cabeza. Cuando uses una palabra en tus conversaciones, trata de recordar como se escribe.

4. **Mantenlo allí.** Si tu no fuiste muy bueno para la ortografía en la escuela, eso no significa que siempre va a ser así. Como aprendiz en edad adulta, tu cuentas con más ventajas: tienes más experiencias y eres más sabio, lo cual significa que tienes una gran capacidad para almacenar nuevas palabras. Más allá de esto, tu no tienes que tomar esos exámenes de ortografía cada viernes.

La lección de ahora aborda los viejos problemas ortográficos: palabras que contienen las combinaciones *-ie* o *-ei.*

Palabras Que Usan *IE*

LA REGLA

Cuando la combinación de la *ie* suena como *e (ee),* la regla que se aplica es aquella que aprendiste en la escuela:

La *ie* va antes de la *e,* excepto después de la *c.*

A continuación algunos ejemplos de palabras que usan *ie* en la escritura pero se pronuncian como *ee:*

achieve	fierce	retrieve
belief	frieze	series
bier	hygiene	siege
cashier	niece	wield
chief	piece	
fiend	relieve	

LAS EXCEPCIONES

Esta no es una excepción, pero es una regla nueva: Cuando la combinación suena como *ay,* es escrita como *ei:* Ve la siguiente sección, donde encontrarás también otra lista de palabras que utilizan la *ei.*

- La combinación *ie* puede tener otro sonido además de *ee:*

  Puede sonar como una *e* corta, como *friend.*

  Puede sonar como una *i* prolongada, como en *piety, fiery, quiet, notoriety, society, science.*
- Cuando la combinación de *ie* viene después de la *c* suena como *sh,* como en *ancient, deficient, conscience.*

Afortunadamente no hay otras excepciones para la excepción después de *c.* Si existe una *c* después de la *ie,* existe otra letra entre ellas (*ie* y *c*), como en *achieve.* Así tu verás una *i* sola después de una *c* suave como en *circle* o *circumference.* Pero nunca verás una *c* seguida directamente por una *ie,* a menos que suene como *sh.*

TRUCOS PARA LA MEMORIA

Usa los siguientes trucos para recordar algunas palabras.

- Hay suficientes palabras con *ie* que tu puedes hacer rimar en sílabas pares: *grief/belief, reprieve/relieve,* entre otras.
- Tu puedes recordar que la palabra *nice* está incrustada en la palabra *niece.* Piensa, *"I have a **nice** little **niece.**"*
- Tu puedes recordar que *piece* tiene la palabra *pie* adentro. Piensa en *"**piece** of **pie.**"*

EN CONTEXTO

Tu puedes utilizar las palabras en su contexto para saber su significado. Acompleta las siguientes oraciones con la letra correcta:

1. It was his bel__ __f that all people are created equal.

2. He saw a beautiful painted fr__ __ze decorating the Greek temple.

3. The cash __ __r took the money at the rear of the store.

4. He was afraid that she might w__ __ld the weapon in a threatening manner.

5. The body of the king rested on a b__ __r in the great hall.

Palabras Que Usan la *EI*

LAS REGLAS

Puede ser que hayas aprendido la regla básica del uso de la *ei* como parte de la regla siguiente:

> La *e* viene antes de la *i* en sonidos como *ay* in *neighbor* y *weigh.*

Aquí hay algunos ejemplos de palabras con *ei* que tienen el sonido de una *a* prolongada:

deign	heinous	surveillance
eight	inveigh	veil
feign	reign	vein
feint	skein	weight
freight	sleigh	

Como tu aprendiste en la regla del uso de la *ie,* después de la *c* tu usas *ei,* aún si suena como *ee: ceiling, deceit, conceited, receive, receipt.*

LAS EXCEPCIONES

Tu simplemente tienes que memorizar algunas de las palabras que usan la combinación *ei* en lugar de *ie.*

- En algunas palabras *ei* es usada, aún si suena como *ee: either, seize, weird, sheik, seizure, leisure.*
- Algunas veces *ei* suena como una *i* prolongada*: height, sleight, stein, seismology.*
- Algunas veces *ei* suena como una *e* corta*: heifer, their, foreign, forfeit.*

Trucos para la memoria

Aquí hay algunos trucos que te ayudarán a recordar palabras con *ei:*

- Trata de agrupar algunas palabras en oraciones que recuerdes, porque las palabras están relacionadas por su significado. Por ejemplo, "The *conceited* girl tried to *deceive* her parents by preventing them from *receiving* her school report."
- Resalta la combinación *ei* con un marcador o una pluma. Esto te dará una pista visual.

EN CONTEXTO

Usa las palabras en su contexto para recordar su ortografía. Esto te ayudará también a aprender nuevos significados de palabras desconocidas para tí. Acompleta las siguientes oraciones con las letras correctas:

1. The officer and his partner kept close surv__ __llance on the abandoned house.

2. He had to f__ __gn ignorance of her dishonesty.

3. It was a h__ __nous crime that was on the front pages for weeks.

4. The candidate began to inv___ __gh against what she said were abuses of power in the legislature.

5. The movie star d__ __gned to sign an autograph for her adoring fans.

Práctica

Ahora practica el deletreo de palabras con combinaciones con *ie* y *ei.* Realiza el ejercicio 1 y 2 de abajo. Compara tus respuestas con las respuestas correctas de ubicadas al final de la lección. Si tu resultado fue del 80 porciento en ambos ejercicios, ve inmediatamente a la Práctica de la Evaluación.

EJERCICIO 1

Completa correctamente las oraciones siguientes con *ie* y *ei.*

1. The bride wore a v__ __l that had been in her family for generations.
2. The horse-drawn sl__ __gh sped across the icy landscape.
3. He taught the dog to retr__ __ve the ball when he threw it across the lawn.
4. She bought a sk__ __n of yarn to knit a new pair of socks for her husband.
5. The cash __ __r gave him a rec__ __pt for his purchase.
6. He added a new fr__ __ght car to his model train layout.
7. In hyg__ __ne class the students learned about good health.
8. He fought a f__ __rce battle over parking tickets.
9. He needed __ __ght dollars to pay for his dry cleaning.
10. He received an award for his lifetime of ach__ __vement.

Resultado del ejercicio 1: _____

EJERCICIO 2

De la lista de palabras del capítulo, escoje la palabra correcta para las siguientes oraciones.

11. The archeologists found __________ documents in the tomb.
12. In his __________ time the author likes to play tennis.
13. His __________ bothered him when he told a lie to his wife.
14. He enjoyed the peace and __________ of a Sunday afternoon.
15. He didn't enjoy the endless parties that seemed to be expected of those in high __________.
16. The farmer took his prize __________ to the market for sale.
17. He looked on her not only as his doctor but also as his __________.
18. He said he wanted to go __________ to the movies or to a play.
19. Michael Jackson gained considerable __________ in the public mind after some lawsuits were brought against him.
20. He tried to __________, or pretend to have, enthusiasm for the concert.

Resultado del ejercicio 2: _____

EJERCICIO 3

Marca con una *C* si la palabra subrayada está correctamente escrita o una *F* si es incorrecta. Si está ortográficamente incorrecta, escríbela correctamente, en la línea de enseguida.

_____ **21.** He had a beer stien that had belonged to his grandfather. __________

_____ **22.** He thought his sister's wardrobe from the thrift shop was just another one of her wierd ideas. __________

_____ **23.** The ceiling had long cracks that had appeared overnight. __________

_____ **24.** He committed a hienous crime and deserved to be punished. __________

_____ **25.** He suffered a brain seizure and was taken to the hospital. __________

_____ **26.** The World Sereis is played every fall. __________

_____ **27.** He set out to achieve great wealth, and he succeeded. __________

_____ **28.** They found a vein of ore in the abandoned mine. __________

_____ **29.** The magician used slieght of hand tricks to amaze his audience. __________

_____ **30.** He befriended a lonely old man who had no family of his own. __________

Resultado del ejercicio 3: _____

PRÁCTICA DE LA EVALUACIÓN

Marca con un círculo la palabra en el paréntesis que esté escrita correctamente.

31. She took her (niece/neice) to the zoo on Saturday.

32. The agents were allowed to (sieze/seize) the narcotics at the border.

33. The doctor checked the baby's (hieght/height) and (weight/wieght).

34. He was very (relieved/releived) when the ordeal was over.

35. The (riegn/reign) of the new Miss America began that night.

36. They gave the (cashier/casheir) the money for the bill.

37. They had the criminal under (surviellance/surveillance) for over six months.

38. The (frieze/freize) at the Parthenon in Greece is one of the most famous works of art known to man.

39. The (chief/cheif) of police was under investigation for corruption while in office.

40. She believed him to be the (fiend/feind) who had stolen the old woman's inheritance.

EJERCICIO FINAL

Escoge 10 palabras de la lista de hoy que sean nuevas en tu vocabulario o que te sea difíciles de recordar su ortografía. Escribe 5 de ellas, 5 veces en el espacio en blanco. Si tu no deletreas bien alguna palabra, escríbela en una tarjeta y estudiala diariamente.

____

____

____

____

____

Técnicas Adquiridas

Si tu deletrear palabras en tu mente diariamente, te será fácil recordarlas. Escoje algunas de las palabras más complicadas y míralas fijamente por un rato, cada una a la vez. Imagínate cada letra de las palabras pisando fuera de tu libro. Aún si tu no sientes concientemente que esto esté ayudando a mejorar tu ortografía, tu estás visualizando en tu memoria la imagen de la palabra. La siguiente vez que tu escribas la palabra, tu cerebro deberá reconocer que algo está mal, si tu la has escrito incorrectamente, porque la imagen visual en tu cabeza no se ajustará a al del papel.

Pon especial atención a la ortografía de las palabras cuando tu las estás leyendo durante el día o por semana. Como sea, si tu te encuentras una palabra con *ie* o *ei,* trata de recordarla en tu memoria. Escribela varias veces. Pronunciala e iguálala con las reglas que rigen su ortografía.

RESPUESTAS

EJERCICIO 1

1. veil
2. sleigh
3. retrieve
4. skein
5. cashier, receipt
6. freight
7. hygiene
8. fierce
9. eight
10. achievement

EJERCICIO 2

11. ancient
12. leisure
13. conscience
14. quiet
15. society
16. heifer
17. friend
18. either
19. notoriety
20. feign

EJERCICIO 3

21. I, stein
22. I, weird
23. C
24. I, heinous
25. C
26. I, Series
27. C
28. C
29. I, sleight
30. C

PRÁCTICA DE LA EVALUACIÓN

31. niece
32. seize
33. height, weight
34. relieved
35. reign
36. cashier
37. surveillance
38. frieze
39. chief
40. fiend

L·E·C·C·I·Ó·N 12

VOCALES TRUCULENTAS

SUMARIO DE LA LECCIÓN

Esta lección te enseñará tanto las estrategias para deletrear palabras que contienen varias vocales, como la importancia de incluir vocales silenciosas en tu escritura. También te ayudará a aprender cómo deletrear palabras homófonas, las cuales sueñan igual, pero se escriben diferentes.

La lección 11 empieza con la combinación de vocales más comunes que contienen *ie* y *ei.* Esta lección contiene más palabras con vocales combinadas que son difíciles de deletrear.

Combinación de vocales

LA REGLA

La regla fonética:

> **Cuando dos vocales están juntas, la primera generalmente es prolongado ("dice su propio nombre") y la segunda es silenciosa.**

Por ejemplo, en la palabra *reach,* tu escuchas una *e* prolongoda, pero no la *a* corta. De manera similar, si tu sabes como pronunciar la palabra *caffeine,* tu tienes la certeza de pronunciarla correctamente, porque escuchas como el sonido de la *e* viene primero.

Si tu sabes el sonido que oyes, éste será probablemente el primero de dos vocales que estén juntas. Esto es verdadero en el caso particular de la combinación de la *ai, ui* y *ea,* como se muestra en los siguientes ejemplos. Sin embargo verifica en la siguiente sección para algunas excepciones de la *ai.*

Aqui son ejemplos de palabras con las combinaciones *ai, ui,* y *ea* que utiliza el sonido del primer vocale.

abstain	prevail	nuisance
acquaint	refrain	cheapen
chaise	traipse	conceal
paisley	juice	heal

LAS EXCEPCIONES

Existen muchas excepciones para esta regla, las cuales simplemente tendrás que recordar de vista, no por su sonido.

porcelain
beauty
healthy
hearse
hearty

TRUCOS PARA LA MEMORIA

Tu puedes usar algunos trucos para aprender las excepciones.

- Recuerda que la palabra *heart* está en *hearty.* Por ejemplo: "A ***hearty*** person is good *hearted.*"
- Algunas personas ponen *ice* en *juice.* Por ejemplo: "***Juice*** is cooler if you add *ice.*"
- The word *heal* aparece en *healthy.* Por ejemplo: "The doctor will *heal* you and help you stay ***heal****thy.*"

EN CONTEXTO

Tu puedes utilizar las palabras en su contexto para aprenderlas. Escribe las vocales faltantes en las siguientes palabras:

1. We had to tr__ __pse all over town to find the right shoes.
2. She lay on a ch__ __se lounge on the terrace.
3. She was a great b__ __uty in her youth.
4. She decided that she would abst__ __n from voting since she had not been present for the discussion.
5. His tie had a p__ __sley pattern that was very attractive.

PALABRAS CON *AI* O *IA*

LA REGLA

Puede ser difícil imaginar cuando usar la *ai* y cuando la *ia.* Aquí están las reglas que cubren la mayoría de las palabras:

Cuando el par de vocales tienen un sonido que suena como "u" (por ejemplo, *captain*), utiliza la *ai.*
Cuando el par de vocales suenan separadas (ejemplo, *genial*), usa *ia.*

Aquí hay algunos ejemplos:

Britain	fountain	familiar
captain	villain	genial
certain	alleviate	guardian
chieftain	brilliant	median
curtain	civilian	menial

LAS EXCEPCIONES

- Algunas palabras combinan *t* o *c* con *ia* para formar un sonido como *shuh: martial, beneficial, glacial, artificial.*

TRUCOS PARA LA MEMORIA

Tu puedes usar los siguientes trucos para recordar en tu memoria algunas reglas del uso de la *ia* y de la *ai* para adaptarlas a la regla general:

- Deletrea *captain* o *refrain* en tu mente para recordar la *ai.*
- Elabora tarjetas de trabajo con la combinación de vocales y en una columna separada escribe algunos ejemplos con ellas.

EN CONTEXTO

Escribe la *ai* y la *ia* en las siguientes oraciones para reforzar tu aprendizaje del uso de estas combinaciones.

1. She was promoted to the rank of capt__ __n.
2. He was a gen__ __l host and made everyone feel welcome.
3. He saw that the ring had an artific__ __l diamond in the center.
4. She thought she saw a famil__ __r face in the crowd.
5. He was cert__ __n that he had seen her somewhere.

PALABRAS CON VOCALES SILENCIOSAS

Uno de los problemas con el deletreo via sonido, es que algunas vocales en ciertas palabras no pueden ser pronunciadas. Es fácil de olvidar estas vocales en la ortografía. No existe una regla para guiarte en la ortografía de estas palabras, por lo que tu tienes que usar algunos trucos para la memoria y el contexto en que se encuentran las palabras. La siguiente lista incluye algunas de las palabras más comunes que pierden sus vocales en su pronunciación. Las vocales silenciosas están resaltadas para ti.

accident**a**lly	choc**o**late	mini**a**ture
av**e**rage	ev**e**ry	parl**i**ament
bev**e**rage	jew**e**ls	priv**i**lege
bound**a**ry	marr**i**age	soph**o**more
carr**i**age	math**e**matics	

TRUCOS PARA LA MEMORIA

Debido a que no existen reglas que gobiernan las palabras con vocales silenciosas, sólo te queda memorizarlas. Utiliza uno o ambos de los siguientes consejos, de acuerdo al que más trabaje para ti:

- Si tu aprendes mejor oyendo, pronuncia la letra silenciosa dentro de ti mismo, cada vez que tu escribas las palabras. Por ejemplo, *soph-o-more* y *ev-er-y.*
- Si tu eres un aprendiz visual, escribe las palabras en tarjetas, pero utiliza diferente color de tinta para las letras silentes.

EN CONTEXTO

Aquí está tu primera prueba para aprender las palabras con vocales silenciosas. Agrega las vocales faltantes en las siguientes palabras.

When Joseph was a soph__more in high school, his grades in math__matics dropped badly and his entire av__rage suffered. When his report card came, he was so upset that he accident__lly dropped his choc__late bev__rage all over the family's min__ature poodle and lost his TV priv__leges for a week.

Palabras que Suenan Similares, pero se Escriben Diferentes

Existen ciertas palabras fáciles de confundir, porque son homófonas, es decir palabras que suenan similares, pero se escriben diferentes. Muchas de estas palabras tienen sólo un cambio en una vocal o en la combinación de éstas. No existen reglas al respecto, pero tu puedes memorizar dichas palabras con trucos y prácticas de contexto.

Aquí hay unos ejemplos de estas palabras:

affect/effect
altar/alter
bare/bear
coarse/course
dual/duel
heal/heel
led/lead
minor/miner
peal/peel
piece/peace
sheer/shear
stationery/stationary
weak/week

Si tu no estás seguro de las diferencias entre las palabras en estos pares, búscalas en el diccionario.

TRUCOS PARA LA MEMORIA

Algunas veces es de ayuda aprender cada palabra en términos del trabajo que desempeñará en cada oración. Frecuentemente las dos palabras en un par de palabras homófonas están en diferentes partes del discurso.

- He led a **dual** (*adjective*) life as a spy.
  He fought a **duel** *(noun)* with his great enemy.
- He had to **alter** *(verb)* his clothes after he lost weight.
  The bride smiled as she walked toward the **altar** *(noun)*.
- His words had a great **effect** *(noun)* on me.
  The test score will not **affect** *(verb)* your final grade.

EN CONTEXTO

Debido al hecho de que el significado de cada palabra homófona es diferente, el contexto es de gran ayuda para aprender su ortografía. Marca con un círculo la palabra que pertenezca a cada una de las oraciones siguientes.

1. He felt (week/weak) after losing so much blood.

2. I can't (bare/bear) to leave the house looking like this.

3. He couldn't drink alcohol because he was a (miner/minor).

4. He had to (peel/peal) five pounds of potatoes for dinner.

5. There were (shear/sheer) curtains hanging on the window.

(Respuestas: weak, bear, minor, peel, sheer)

PRÁCTICA

Ahora practica la ortografía de la lista de hoy. Completa el ejercicio 1 y 2 y compara tus respuestas al final de esta lección. Si tu resultado es menos del 80 por ciento en cualquiera de los ejercicios, realiza el ejercicio 3 para práctica adicional.

EJERCICIO 1

Acompleta las letras faltantes en las siguientes palabras.

1. It became a n__ __sance to have to drive five miles to the nearest store.

2. He gave his fiancee many beautiful jew__ls during their courtship.

3. He didn't want to ch__ __pen the effect by adding extra decorations.

4. She was elected to parl__ __ment before she was 40 years old.

5. The elderly butler said it was a priv__lege to work for such a distinquished family.

6. He tried to conc__ __l the contents of the box.

7. No soph__more may be seen in the vicinity.

8. The porcel__ __n vase was of museum quality.

9. She grew min__ __ture roses for the flower show.

10. She accident__lly fell over the antique chair in the foyer.

Resultado del ejercicio 1: _____

EJERCICIO 2

Marca con un círculo la palabra escrita correctamente que está dentro de los paréntesis, para cada una de las siguientes oraciones.

11. He ordered a cold (beverage/beverege) after dinner.

12. He studied (mathmatics/mathematics) in college.

13. A (hearse/hurse) went by carrying the body of the prime minister.

14. The metal sculpture had a certain rough (beuty/beauty).

15. He went into (peels/peals) of laughter at the old Laurel and Hardy movies.

16. She asked for the (bare/bear) facts, not a lot of opinions.

17. His back needed to (heal/heel) before he could return to work.

18. She took a (coarse/course) in first aid with the Red Cross.

19. He rode a (stationary/stationery) bike for exercise.

20. The (porcelen/porcelain) figurine was the old woman's prize possession.

Resultado del ejercicio 2: _____

EJERCICIO 3

Marca con un C si la ortografía de la palabra subrayada es correcta o con una I si es incorrecta. Si es incorrecta, deletréala en las líneas, en las siguientes oraciones.

_____**21.** He took a coarse in auto repair. _____

_____**22.** He was allergic to chocolate. _____

_____**23.** She said that the secret to a happy marrage is compromise. _____

_____**24.** He fought a dual for the love of the fair maiden. _____

_____**25.** His illness made it necessary to abstain from liquor. _____

_____**26.** She wore shear stockings with her new summer dress. _____

_____**27.** The minor worked long hours underground for low pay. _____

_____**28.** She had a hearty laugh that rang through the crowded room. _____

_____**29.** She bought an automatic jiucer for her cousin's birthday. _____

_____**30.** She was a mathmatics major in college.

Resultado del ejercicio 3: _____

EJERCICIO FINAL

Escoge 10 palabras que sean nuevas en tu vocabulario o que te sea difíciles de recordar su ortografía. Escribe 5 de ellas en oraciones en las líneas de abajo. Las otras 5 escribelas en tarjetas de trabajo y agregalas a tu lista general de palabras.

_____

_____

_____

_____

_____

RESPUESTAS

EJERCICIO 1

1. nuisance
2. jewels
3. cheapen
4. parliament
5. privilege
6. conceal
7. sophomore
8. porcelain
9. miniature
10. accidentally

EJERCICIO 2

11. beverage
12. mathematics
13. hearse
14. beauty
15. peals
16. bare
17. heal
18. course
19. stationary
20. porcelain

EJERCICIO 3

21. I, course
22. C
23. I, marriage
24. I, duel
25. C
26. I, sheer
27. I, miner
28. C
29. I, juicer
30. I, mathematics

Técnicas Adquiridas

Escribe algunas oraciones que te ayuden a recordar los diferentes significados y la ortografía de palabras homófonas en esta lección. Por ejemplo: I felt *weak* all *week* from the flu.

Pon mucha atención a la ortografía de las palabras cuando las estudies diaria y semanalmente. Cuando sea que tu te encuentres con una palabra con una combinación de *ia* y *ai,* vocales silenciosas o palabras homófonas, para y mira detenidamente la palabra que ayude a arreglar su ortografía y su significado en tu memoria. Escribela muchas veces. Pronuncialas y ubicalas con las reglas que rigen su ortografía.

L·E·C·C·I·Ó·N 13

CONSONANTES CONFUSES

SUMARIO DE LA LECCIÓN

Esta lección se enfoca en problemas de ortografía causados por consonantes. Te enseña como deletrear palabras con consonantes silenciosas, con doble consonante y cómo lidiar con consonantes que pueden sonar como otras consonantes.

Las lecciones 11 y 12 lidiaron con vocales y combinación de vocales que son comunmente mal empleadas y confuses. Tu debes haber dejado esos capítulos sintiéndote más seguro en tu ortografía. Esta lección presenta el reto de convertirte en un maestro de la ortografía, aprendiando las reglas que rigen a consonantes difíciles. Para el momento de haber finalizado los ejercicios de este capítulo estarás familiarizado con algunas reglas básicas que te permitan dominar algunos de los errores ortográficos más comunes en consonantes engañosas.

CONSONANTES SILENCIOSAS

Muchas palabras en inglés tienen consonantes silenciosas, es decir, que están escritas, pero que no se pronuncian. Además que no hay reglas que las gobiernen, por lo que simplemente tienes que aprenderlas de vista. En la siguiente página encontrarás algunos de sus ejemplos más comunes, con las vocales silenciosas remarcadas.

answer
autumn
blight
calm
debt
ghost
gnarled
gnaw
indict
kneel
knight
knowledge
often
psalm
pseudonym
psychology
rhetorical
subtle
through
write

TRUCOS PARA LA MEMORIA

Usa señales con sonido, con signos o ambas, lo que trabaje mejor para ti, para reforzar tu aprendizaje.

- Pronuncia las vocales silenciosas en tu mente al estarlas escribiendo. Di por ejemplo ***subtle*** y ***often***.
- Escribe las palabras en tarjetas de trabajo y remarca el sonido de las consonantes faltantes con un marcador.

EN CONTEXTO

Aquí están algunas oraciones que te ayudarán a aprender las palabras en su contexto. Con la ayuda de la siguiente lista, acompleta la letra faltante en cada palabra.

1. The dog likes to __naw on the bone in the back yard.
2. He wanted to pay his de__t to society.
3. He looked as though he might have seen a g__ost.
4. He wanted to study __sychology in college.
5. She thought that autum__ was the loveliest time of the year.

DOBLES CONSONANTES

Muchas veces una consonante final es agregada o duplicada cuando tu agregas un final con *ing. Drop* se convierte en *dropping, mop* se convierte en *mopping, stab* se convierte *stabbing.*

LA REGLA

Existen dos conjuntos de reglas: una para cuando agregas un final que inicia con una vocal (*-ed, -ing, -ance, -ence, -ant*) y otra para cuando el final inicia con una consonante (*-ness* o *-ly*).

1. Cuando el final inicia con una vocal:

   Duplica la última consonante en palabras con una sola sílaba que terminan con una sola vocal y una consonante. Por ejemplo *flip* se convierte en *flipper* o *flipping, quit* se convierte en *quitter* o *quitting, clap* se convierte en *clapper* o *clapping.*

   Duplica la consonante final cuando la última sílaba es acentuada y hay sólo una consonante en la sílaba acentuada. Por ejemplo *acquit* se convierte en *acquitting, refer* se convierte en *referring,* y *commit* se convierte en *committing.*

2. Cuando el final inicia con una consonante:

   Manten una *n* al final cuando agregas *-ness.* Tu finalizes con una doble *n: keenness, leanness.*

   Manten una *l* al final cuando tu agregas *-ly.* Tu finalizes con una doble *l: formally, regally, legally.*

En otros casos, por lo tanto, tu no duplicas las consonantes.

LAS EXCEPCIONES

Por encima de estas reglas existen sus excepciones, pero no son muchas. Aquí están algunas de ellas:

- *Bus* se convierte en *buses.*
- *Chagrin* se convierte en *chagrined.*
- *Draw* se convierte en *drawing.*

TRUCOS PARA LA MEMORIA

Tu puedes recordar una versión corta de las reglas de duplicación de una consonante que antes de su final empieza con una vocal: una sílaba o duplicar la última sílaba en palabras con una sola consonante.

EN CONTEXTO

Con la ayuda de las reglas de arriba, agrega *-ed, -ing, -ness,* o *-ly* a las palabras de abajo. Duplica las consonantes si es necesario. Las respuestas están al fin del ejercicio.

1. He was strum_______ on the guitar on the back porch.
2. He wanted to go camp_____ down by the lake.
3. She excel______ at math and science.
4. He set the valuable vase down very careful____.
5. The model was known for her extraordinary thin_______.

(Respuestas: strumming, camping, excelled, carefully, thinness)

PROBLEMAS CON ALGUNAS CONSONANTES: *C* Y *G*

Las letras *c* y *g* ofrecen un reto especial en su ortografía via sonido o de vista.

LAS REGLAS

Las letras *c* y *g* pueden tener tanto sonidos suaves como fuertes. Cuando la *c* es suave suena como *s;* cuando es dura suena como *k.* Cuando la *g* es suave suena como *j,* pero cuando es fuerte suena como *g* como en *guess.* Pero la diferencia no es una confusión como parece al principio.

Las letras *c* y *g* son suaves cuando estén seguidas por una *e, i* o *y.* Fuera de esto suenan fuerte.

Por consiguiente *c* suena como *s* cuando es seguida por una *e, i* o *y* como en *central, circle, cycle.* Y suena como *k* cuando es seguida por otras vocales como: *case, cousin, current.*

¡Escucha!

Se cuidadoso: Duplicar una consonante puede cambiar la palabra en otra diferente, con diferente significado.

- *Planning* es diferente de *planing.*
- *Scrapping* es diferente de *scraping.*
- *Pinning* es diferente de *pining.*

Después que has duplicado una consonante, mírala y pronunciala. ¿Tienen el significado que tu querías?

Esto también significa que *g* sueña como *j* cuando es seguida por una por una *e, i* o *y* como en *genius, giant, gym.* Cuando es seguida por otras vocales, la *g* sueña fuerte: *gamble, go, gun.*

Una correlación para la pronunciación suave o fuerte de la *c* es esta:

Una *k* es agregada al final de una *c* antes de que su final empiece con una *e, i,* o una *y.*

Si tu no agregaste la *k,* la *c* llegaría a ser suave y soñaría como *s.* Por lo tanto, para agregar *-ing,* en *panic,* por ejemplo, tienes que poner una *k* al principio: *panicking.*

Aquí hay unos ejemplos de palabras en las cuales *e, i,* o *y* emiten un sonido suave de la *c* o la *g:*

centimeter	general
centrifuge	generous
circulate	genteel
circus	germ
cyclical	giraffe
cymbal	gyrate

Aquí hay unos ejemplos de palabras que les han agregada un *k* a la *c* antes de que el final inicie con *e, i,* o *y:*

mimicking	picnicked
panicky	trafficking

TRUCOS PARA LA MEMORIA

Virtualmente no existen excepciones para las reglas que rigen a la *c* y la *g.* Escucha las palabras conforme tu las deletrees y permite que la regla te guíe para escoger entre la *c, s, k, g,* o la *j.*

EN CONTEXTO

Usando la lista de abajo, agrega la letra que falta a las siguientes palabras:

1. The crashing of the c__mbal made them all pay attention.
2. He was a g__nerous man who gave willingly of what he had.
3. He was arrested for traffic__ing in drugs.
4. The g__neral ordered the troops into battle.
5. The fan helped to c__rculate the air.

Palabras Homófonas y Similares

Algunas palabras suenan similares, pero se escriben diferentes con pequeños cambios en las consonantes:

- **bloc** (noun meaning *group, coalition*)
  block (verb meaning *stop, hinder* or noun meaning *a square*)
- **cite** (verb meaning *quote or mention*)
  site (noun meaning *place*)
  sight (noun having to do with seeing)
- **cord** (noun meaning *thin rope*)
  chord (noun referring to a set of musical notes)
- **dessert** (noun meaning *what you eat after dinner*)
  desert (verb meaning *abandon*)
- **passed** (verb, the past tense of *pass*)
  past (noun or adjective referring to time before)
- **write** (verb having to do with putting words on paper)
  right (adjective meaning *correct*)

Otras palabras sueñan casi iguales, pero significan algo diferente y contienen consonantes diferentes:

- **advise** (verb, rhymes with *wise*)
  advice (noun, rhymes with *ice*)
- **devise** (verb, rhymes with *wise*)
  device (noun, rhymes with *ice*)
- **dissent** (noun meaning *disagreement*)
  descent (noun having to do with going down)
- **later** (adverb meaning *at a future time*)
  latter (adjective meaning *not the first*)

Una vez más, no existen reglas para ayudarte aquí, pero tu puedes aprender las palabras utilizando trucos para la memoria y el contexto en que se encuentran.

TRUCOS PARA LA MEMORIA

Simplemente tienes que recordar estas palabras usando lo siguiente:

- Escribe muchos pares de palabras homófonas en tarjetas de trabajas, todas juntas o separadas. Mézclalas y ponlas boca abajo en una mesa. Pídele a alguien jugar contigo a igualar y encontrar los pares de palabras homófonas.
- Recuerda que las palabras homófonas generalmente tienen diferentes partes de discurso. Escucha o ve cómo están usadas en una oración que pueda generalmente señalarte que palabra se necesita.

EN CONTEXTO

Debido a que las palabras homófonas tienen diferente significado, su contexto puede ser de gran ayuda para usar la palabra adecuadamente. Circula las palabras homófonas correcta en las siguientes oraciones. Las respuestas están en seguida de las oraciones.

1. Can you (advise/advice) me as to what to do?
2. We ate a delicious (desert/dessert) at her house last night.
3. He invented a clever (devise/device) that would help him reach goods on high shelves.
4. A year (passed/past) before we knew what had happened to our friends.
5. He wanted to go (latter/later), but we all voted to leave immediately.

(Respuestas: advise, dessert, device, passed, later)

PRÁCTICA

Ahora practica la ortografía de la lista de hoy. Completa el ejercicio 1, 2, 3 y compara tus respuestas al final de esta lección. Si tu resultado es menos del 80 por ciento en cualquiera de los ejercicios, realiza el ejercicio 4 para práctica adicional, pero si fue mejor que esto elabora la Práctica de la Evaluación.

EJERCICIO 1

Este ejercicio tiene que ver con las consonantes silenciosas. Acompleta la letra faltante en las siguientes palabras.

1. __night
2. ans__er
3. de__t
4. __narled
5. indi__t
6. __salm
7. su__tle
8. g__ost
9. of__en
10. autum__

Resultado del ejercicio 1: _____

EJERCICIO 2

Este ejercicio se enfoca en las consonantes dobles. Escoge el final apropiado para cada palabra: *-ed, -ing, -ness* o *-ly.* Reescribe las siguientes palabras duplicando las consonantes, en caso que se necesite.

11. final __________
12. submit __________
13. think __________
14. roam __________
15. control __________
16. plain __________
17. rebel (v) __________
18. throb __________
19. legal __________
20. rain __________

Resultado del ejercicio 2: _______

EJERCICIO 3

Este ejercicio es referente palabras homófonas. Marca en un círculo la palabra correcta para cada una de las frases siguientes.

21. a new building (cite/site)

22. a voting (bloc/block)

23. the (right/write) to bear arms

24. a telephone (cord/chord)

25. to refer to the (later/latter)

26. sometime in the (passed/past)

27. the airplane's (dissent/descent)

28. to (device/devise) a new method

29. a fattening (dessert/desert)

30. to give good (advise/advice)

Resultado del ejercicio 3: _____

EJERCICIO 4

Marca con una *C* para indicar que es correcta o con una *I* para señalar que es incorrecta la manera en que están escritas las palabras. Dado el caso, escríbelas correctamente en las líneas siguientes.

______**31.** She was a genteel woman of great refinement. __________

______**32.** There was a sutle hint of autum in the air. __________ __________

______**33.** He was a dedicated soldier and did not want to dessert his post. __________

______**34.** The baby was colicy and kept his parents awake all night. __________

______**35.** He visited the building cite several times a week. __________

______**36.** He was transferred to another job last week. __________

______**37.** He was acquitted of the crime of murder. __________

______**38.** He was planing to go home after work. __________

______**39.** He strumed a cord on his guitar to get everyone's attention. __________ __________

______**40.** His meanness was legendary in the company. __________

Resultado del ejercicio 4: __________

PRÁCTICA DE LA EVALUACIÓN

Marca con un círculo la letra de las siguientes palabras que está correctamente escrita.

41. a. curculate
b. circulate
c. cercullate
d. circulat

42. a. traficking
b. trafficing
c. traficing
d. trafficking

43. a. pseudonym
b. pseudonim
c. pseudonymn
d. psuedonym

44. a. girate
b. gyrate
c. jirate
d. jyrate

45. a. retorical
b. rhetorikal
c. rhetorical
d. retorecle

46. a. anser
b. answer
c. answir
d. ansur

47. a. drawwing
b. drauing
c. drawing
d. draweng

48. a. lableing
b. labulling
c. labeling
d. labiling

49. a. genoside
b. genocied
c. jenocide
d. genocide

50. a. genaris
b. generus
c. genarous
d. generous

EJERCICIO FINAL

Escoge 10 palabras de esta lección que te sean desconocidas o difíciles de escribir. Escribe 5 de ellas en los espacios de abajo y las demás tenlas en tus tarjetas de trabajo.

____

____

____

____

____

Técnicas Adquiridas

Sugiere algunas oraciones que te ayuden a recordar los diferentes significados y la ortografía de las palabras homófonas de esta lección. Por ejemplo: I won't *desert* the table until I get *dessert.*

Pon mucha atención a la ortografía de las palabras cuando tu las estudies diaria y semanalmente. Nota el comportamiento de las palabras cuando tienen un final que se les ha agregado. Toma el tiempo necesario para arreglar la ortografía y el significado de dichas palabras. Escríbelas muchas veces. Pronuncialas y compáralas con las reglas que las rigen.

Respuestas

EJERCICIO 1

1. knight
2. answer
3. debt
4. gnarled
5. indict
6. psalm
7. subtle
8. ghost
9. often
10. autumn

EJERCICIO 2

11. finally
12. submitting, submitted
13. thinking
14. roaming, roamed
15. controlling, controlled
16. plainness
17. rebelling, rebelled
18. throbbing, throbbed
19. legally
20. raining, rained

EJERCICIO 3

21. site
22. bloc
23. right
24. cord
25. latter
26. past
27. descent
28. devise
29. dessert
30. advice

EJERCICIO 4

31. C
32. I, subtle, autumn
33. I, desert
34. I, colicky
35. I, site
36. C
37. C
38. I, planning
39. I, strummed, chord
40. C

PRÁCTICA DE LA EVALUACIÓN

41. b
42. d
43. a
44. b
45. c
46. b
47. c
48. c
49. d
50. d

L · E · C · C · I · Ó · N

FINALES TRUCULENTOS

SUMARIO DE LA LECCIÓN

Esta lección te muestra cómo mantener o eliminar una *e* al final y cuando agregar un sufijo.

El final de las palabras siempre tienen dificultades de ortografía. Es difícil de recordar cuando mantener o quitar letras. Esta lección establece algunas reglas simples para ayudarte a decidir qué hacer.

CUANDO QUITAR UNA *E* AL FINAL

Existen 2 reglas que te indican cuándo quitar una *e* al final o cuándo agregar un sufijo: una para cúando tu la quitas y otra para cuándo tu la mantienes.

REGLA 1

Quita la *e* al final cuando tu agregas un final que comienza con una vocal.

Aquí hay unos ejemplos de palabras que usan esta regla:

- Con *-ing*
  change + -ing = changing
  receive + -ing = receiving
  surprise + -ing = surprising

- Con *-able*
  argue + -able = arguable
  desire + -able = desirable
  erase + -able = erasable
- Con *-ous*
  grieve + -ous = grievous
  pore + -ous = porous
  virtue + -ous = virtuous
- Con *-ity*
  intense + -ity = intensity
  opportune + -ity = opportunity
  scarce + -ity = scarcity

Las excepciones

- Manten la *e* final después de una *c* o *g* suave con el fin de mantener un sonido suave.
  peace + -able = peaceable
  advantage + -ous = advantageous
  courage + -ous = courageous
  outrage + -ous = outrageous
- Manten la *e* al final cuando necesites proteger la pronunciación.
  shoe + -ing = shoeing (not *shoing*)
  guarantee + -ing = guaranteeing (not *guaranteing*)

Trucos para la memoria

La mejor manera para recordar estas palabras es pronunciarlas, después de haberlas escrito. Si no sueñan correctamente, probablemente suenan incorrectamente.

En contexto

Usa el contexto para recordar esta regla. Escribe las siguientes combinaciones manteniéndo u omitiéndo la *e* al final en las siguientes oraciones.

1. It was a (surprise + -ing) __________ ending.

2. The real estate agent said that the property would be very (desire + -able) __________ in the market.

3. The astronauts were remarkably (courage + -ous) __________ men and women.

4. The storm brought a (scarce + -ity) __________ of fresh food and electricity.

5. The Quakers are a (peace + -able) __________ people.

REGLA 2

Manten la *e* al final antes de cualquier final que inicie con consonantes.

Aquí hay algunos ejemplos de palabras que usan esta regla:

- Con *-ment*
  advertise + -ment = advertisement
  amuse + -ment = amusement
  enforce + -ment = enforcement
- Con *-ness*
  appropriate + -ness = appropriateness
  fierce + -ness = fierceness
  polite + -ness = politeness
- Con *-less*
  care + -less = careless
  sense + -less = senseless
  tire + -less = tireless
- Con *-ful*
  disgrace + -ful = disgraceful
  grace + -ful = graceful
  shame + -ful = shameful

Las excepciones

No hay importantes excepciones para la regla que mantiene la *e* al final cuando agregas un final que inicia con una consonante:

- Quita la *e* al final cuando una *u* o *w* se va a agregar a la palabra.
  argue + -ment = argument
  awe + -ful = awful
  true + -ly = truly

En contexto

Usa el contexto para recordar la regla y su excepción. Reescribe las palabras con sus finales en las siguientes oraciones.

1. He read a great (advertise + -ment) __________ in the paper today.
2. He had to learn not to be so (care + -less) __________ with his wallet.
3. He was known for his (polite + -ness) __________ and good manners.
4. They had an (argue + -ment) __________ on the phone.
5. He left the room in a (disgrace + -ful) __________ condition.

Cuando Mantener una *Y* al Final o Cambiarla por una *I*

REGLA 1

Cuando tu agregas un sufijo a una palabra que termina en *y*, manten la *y* sólo en caso que sea seguida por una vocal.

En este momento no importa si el sifijo inicia con una vocal o una consonante. Siempre manten la *y* si viene inmediatamente después de una vocal. Aquí hay algunos ejemplos:

- Con *-s*
  attorney + -s = attorneys
  chimney + -s = chimneys
- Con *-ed*
  delay + -ed = delayed
  play + -ed = played
- Con *-ing*
  cloy + -ing = cloying
  relay + -ing = relaying
- Con *-ance*
  annoy + -ance = annoyance
  convey + -ance = conveyance
- Con *-able*
  enjoy + -able = enjoyable
  employ + -able = employable

Las excepciones

Algunas palabras rompen la regla y cambian la *y* por una *i.*

- *Day* se convierte en *daily.*
- *Pay* se convierte en *paid.*
- *Say* se convierte en *said.*

En contexto

Usa el contexto para recordar la regla. Escribe las palabras con sus sufijos en los siguientes espacios.

1. We hired two (attorney + -s) __________ to handle the case.
2. She insisted on (relay + -ing) __________ the message to her father.
3. I found the movie very (enjoy + -able) __________.

4. The children were (play + -ing) __________ outdoors.

5. The mosquitos were a serious (annoy + -ance) __________.

REGLA 2

Cuando tu agregas un sufijo a una palabra que termina con un *y* cambia la *y* por la *i* si es seguida por una consonante.

No importa si el sufijo empieza con vocal o con consonante. Aquí hay algunos ejemplos:

- Con *-ful*
  beauty + -ful = beautiful
  mercy + -ful = merciful
  plenty + -ful = plentiful
- Con *-ness*
  busy + -ness = business
  dizzy + -ness = dizziness
  lonely + -ness = loneliness
- Con *-ly*
  angry + -ly = angrily
  busy + -ly = busily
  hearty + -ly = heartily
- Con *-es*
  comedy + -es = comedies
  hurry + -es = hurries
  salary + -es = salaries

Las excepciones

En seguida hay una serie de excepciones a la regla:

- Cuando tu agregas *-ing,* manten la *y* al final.
  bury + -ing = burying
  copy + -ing = copying
  study + -ing = studying

En contexto

Usando la regla en su contexto te ayudará a recordarla. Reescribe las palabras con sus sufijos en los siguientes espacios.

1. He always (hurry + -es) __________ to get to school early.

2. The lumberjack ate (hearty + -ly) __________ through a stack of pancakes.

3. She spent all her spare time (study + -ing) __________ for the exam.

4. He (angry + -ly) __________ slammed the door.

5. There was a (plenty + -ful) __________ supply of fish in the lake.

PRÁCTICA

Completa el ejercicio 1 y 2 y compara tus respuestas al final de esta lección. Si tu resultado es menos del 80 por ciento en cualquiera de los ejercicios, realiza el ejercicio 3 para práctica adicional.

EJERCICIO 1

Escoge la palabra escrita correctamente en cada una de las siguientes oraciones.

1. He wore everyone out with his (intenseity/intensity).

2. She was tired of (receiving/receiveing) so much junk mail.

3. He wanted to make a career in law (enforcment/enforcement)

4. She was (busyly/busily) redecorating their new home.

5. They had both (chimneys/chimnies) cleaned.

6. She was anxious about (carrying/carring) the bad news to her mother.

7. We had a terrible (arguement/argument) over politics last night.

8. She was a (pityful/pitiful) sight when she came in drenched from the rain.

9. The house was in a (desirable/desireable) area.

10. He (truely/truly) loved his job and was anxious to succeed.

Resultado del ejercicio 1: _____

EJERCICIO 2

Marca con una *C* para indicar que es correcta o con una *I* para señalar que es incorrecta la manera en que están escritas las palabras. Dado el caso, escríbelas correctamente en las líneas siguientes.

______**11.** There are a number of good headache remedys on the market today. __________

______**12.** He had made a grievious error on his tax form. __________

______**13.** He thought the job change would be advantageous to him. __________

______**14.** She complained of dizzyness in the hot weather. __________

______**15.** The starting salaries for college graduates are not always competitive. __________

______**16.** It was an outrageous mistake. __________

______**17.** He bore an unmistakeable resemblance to his father. __________

______**18.** He had a number of opportunities to expand his business. __________

______**19.** He read a number of good mysterys on his vacation. __________

______**20.** She was a tireless worker for good causes. __________

Resultado del ejercicio 2: _____

EJERCICIO 3

Agrega la terminación *-ly* a las siguientes palabras.

21. merry __________

22. busy __________

23. happy __________

24. clumsy __________

25. sloppy __________

Agrega la terminación *-ing* a las figuientes palabras.

26. amaze __________

27. achieve __________

28. refine __________

29. convey __________

30. portray __________

Resultado del ejercicio 3: _____

EJERCICIO FINAL

Escoge 10 palabras de esta lección que que necesites recordar cómo se escriben. Escribe 5 de ellas en los espacios de abajo y las demás mantenlas en tus tarjetas de trabajo.

____

____

____

____

____

Técnicas Adquiridas

Mira los significados de los sufijos que usaste en esta lección.

Pon mucha atención a la ortografía de las palabras cuando tu las estudies diaria y semanalmente. Nota que pasa con la *e* final y cuando un sufijo es agregado a una palabra. Toma el tiempo necesario para arreglar la ortografía y el significado de dichas palabras. Escríbelas muchas veces. Pronuncialas y compáralas con las reglas que las rigen.

RESPUESTAS

EJERCICIO 1

1. intensity
2. receiving
3. enforcement
4. busily
5. chimneys
6. carrying
7. argument
8. pitiful
9. desirable
10. truly

EJERCICIO 2

11. I, remedies
12. I, grievous
13. C
14. I, dizziness
15. C
16. C
17. I, unmistakable
18. C
19. I, mysteries
20. C

EJERCICIO 3

21. merrily
22. busily
23. happily
24. clumsily
25. sloppily
26. amazing
27. achieving
28. refining
29. conveying
30. portraying

L·E·C·C·I·Ó·N

PROBLEMAS CON PLURALES

15

SUMARIO DE LA LECCIÓN

Esta lección te enseña la ortografía que se aplica al utilizar plurals, en particular en palabras cuya terminación usa una *o* prolongada o finalizan en *f,* así como aquellas que contienen letras, números y fechas en plural.

Una de las dificultades de escribir en inglés es cuando se usan plurales. Desafortunadamente no siempre puedes sólo agregar *-s* al final de la palabra para indicar que se trata de más de uno.

Cuando Usar *-S* o *-ES* para Formar Plurales

LAS REGLAS

Existen dos reglas simples que se aplican a los plurales.

> **A los sustantivos se les agrega la *s* para hacerlos plurales.**
> **Si un sustantivo finaliza en un sonido sibilante como *s, ss, z, ch, x, sh* se le agrega *-es.***

Aquí te damos unos ejemplos.

cars
computers
skills
gases
businesses
dresses
guesses
masses
faxes
indexes
churches
lunches
matches
blushes
dishes
flashes

LAS EXCEPCIONES

Recuerda de la lección pasada que cuando una palabra finaliza con una y precedida por una consonante, la *y* se convierte en *i* cuando se le agrega una *-es*.

fly–flies
mortuary–mortuaries
rally–rallies
tally–tallies

TRUCOS PARA LA MEMORIA

Usa esta rima para recordar la regla de "Si tu escuchas una sibilante en *-s*, su plural será en *-es*."

EN CONTEXTO

Agrega la *-s* o la *-es* para las palabras en las siguientes oraciones.

1. He sent me two fax___ last night.
2. There were flash___ of lightening in the dark sky.
3. He struck several match___ before one finally caught fire.
4. You have two guess___ at the correct answer.
5. Spelling is one of the most helpful skill___ you can develop.

Plurales para las Palabras que Terminan en *O*

LA REGLA

Existe sólo una regla sencilla que se aplica a unas pocas palabras que finalizan en *o*.

Si una *o* está al final de una palbra junto con otra vocal se le agrega una *-s*.

Aquí hay algunos ejemplos:

patios
radios
studios
tattoos
videos

LAS EXCEPCIONES

Cuando la *o* final de una palabra le sigue una consonante en lugar de otra vocal, no existe una guía que te ayude a saber si necesitas una *s* o una *-es*. Por lo que sólo te queda memorizar las palabras.

Estas palabras sólo necesitan una *-s* para formar su plural:

albinos
altos
banjos
broncos
dynamos
grottos
logos
pianos
silos
sopranos
tobaccos

Estas palabras necesitan una *-es:*

embargoes
heroes
potatoes
tomatoes
vetoes

Cuando dudes en cómo aplicar estas reglas recurre al uso del diccionario.

TRUCOS PARA LA MEMORIA

Escribe las dos listas de palabras con tintas diferentes o en tarjetas de diferentes colores. Lee ambas tarjetas 5 veces al día durante una semana hasta que tu recuerdes que palabras necesitan una *-s* o una *-es* para formar un plural.

EN CONTEXTO

Utiliza una *-s* o una *-es* en las siguientes palabras subrayadas.

1. He peeled so many potato____ in the army that he wouldn't eat French fries for a year.
2. The two soprano____ gave a wonderful performance.
3. He wished there were more hero____ in the world today.
4. The piano____ were out of tune.
5. The farmers harvest their tomato____ in the summer months.

PLURALES PARA PALABRAS QUE TERMINAN EN *-F*

Para formar los plurales en palabras que terminan en *f* o *fe* sólo se necesita agregar una *-s.* En otros casos, la *f* se convierte en *v* y se le agrega *-es.* Desgraciadamente no hay reglas que se apliquen para formar los plurales, sólo te queda memorizar las palabras.

Aquí tienes algunas de las palabras que mantienen la *f* al final y sólo se les agrega la *-s:*

beliefs	fifes	surfs
briefs	gulfs	turfs
chiefs	kerchiefs	
cuffs	proofs	

Aquí tienes aquellas que eliminan la *f* y se les agrega *ves* al final:

elves	loaves	wives
knives	selves	wolves
leaves	shelves	
lives	thieves	

TRUCOS PARA LA MEMORIA

Aplica el mismo truco que usaste para las palabras finalizadas en *o:* escribe cada lista en diferente color y estudialas por una semana.

EN CONTEXTO

Agrega una *f* o usa la *ves* para formar el plural de las siguientes palabras.

1. He brought the proof____ to the photographer.
2. The two thief____ made off with many pieces of jewelry.
3. Their religious belief____ helped to sustain them in their time of trouble.
4. The shelf____ are full of interesting books.
5. The fresh green leaf____ of the trees heralded the coming of spring.

PLURALES QUE NO USAN *-S* O *-ES*

Existe palabras que no usan *-s* o *-es* en sus plurales. Dichas palabras conservan las reglas del lenguaje del que fueron tomados. A continuación te damos las palabras tomadas del griego, el latín y el antiguo inglés que conservan su plural.

PROCEDENTES DEL INGLÉS ANTIGUO

child-children
deer-deer
goose-geese
man-men
mouse-mice
ox-oxen
woman-women

DEL LATÍN

alumnus-alumni
curriculum-curricula
datum-data
fungus-fungi
medium-media
stratum-strata

DEL GRIEGO

analysis-analyses
axis-axes
basis-bases
oasis-oases
parenthesis-parentheses
thesis-theses

TRUCOS PARA LA MEMORIA

Gran parte de las palabras en plural del antiguo inglés es parte de tu vocabulario que usas en tu lectura, en tus discursos y cuando escuchas a la gente hablar. Por lo que solamente tienes que aprender aquellas procedentes del latín y del griego y pensar que hay patrones que presentan y que puedes seguir. En palabras latinas la *-um*, por momentos se convierte en *-a*, y en palabras griegas la *-sis* se convierte en *-ses*. Una forma de recordarlo es pronunciar las palabras en voz alta, porque en muchas de las partes se les cambia la forma y las puedes recordar más fácilmente si escuchas su pronunciación al ser deletreadas.

EN CONTEXTO

Escribe el plural de las siguientes palabras. Tacha cualquier letra que no se necesite y escribe las que se necesiten en los espacios en blanco.

1. The alumnus____ of the college donated heavily to the building fund.
2. He didn't understand the datum____ the study yielded.
3. The curriculum____ of the three schools were very different.
4. The medium____ were all fighting for interviews with the celebrity.
5. The woman____ and child____ were on their way to the station.

PLURALES PARA NÚMEROS, LETRAS Y FECHAS

LA REGLA

Para formar los plurales de números y letras generalmente se les agrega *'s* como si fueran posesivos.

Aquí hay algunos ejemplos de esta regla:

Dot your *i*'s and cross your *t*'s.
How many 5's are in 25?
She is in her 20's.
The 1960's were a turbulent time.

LAS EXCEPCIONES

El hecho de que más frecuentemente la gente está dejando de escribir el apóstrofe en los números y fechas no significa que es erroneo o pueda crear confusión como se muestra en los siguientes ejemplos:

How many 5s are in 25?
She is in her 20s.
The 1960s were a turbulent time.

Como sea, es mejor no omitir los apóstrofes después de las letras, porque la gente se puede confundir: escribe *a's* para que la gente no piense que tu estás escribiéndo *as*.

PRÁCTICA

Completa el ejercicio 1 y 2 y compara tus respuestas al final de esta lección. Si tu resultado es menos del 80 por ciento en cualquiera de los ejercicios, realiza el ejercicio 3 para práctica adicional.

EJERCICIO 1

En los siguientes párrafos escribe el plural de las palabras subrayadas.

On our trip west we had a chance to see wonderful scenery outside our **1)** window __________ including several country **2)** church __________ punctuating a plain dotted with grain **3)** silo __________ where the ranchers stored their harvests. We were invited to attend two **4)** rodeo __________ and watched **5)** cowboy __________ in their bright **6)** kerchief __________ roping the lively bucking **7)** bronco __________. The weather was good, though the heat brought out a lot of **8)** fly __________. One evening we went to a cowboy band where the music from the **9)** piano __________ and the **10)** banjo __________ kept up a foot-stomping beat until the small hours.

Resultado del ejercicio 1: _____

EJERCICIO 2

Marca con una *C* para indicar que es correcta o con una *I* para señalar que es incorrecta la manera en que están escritas las palabras. Dado el caso, escríbelas correctamente en las líneas siguientes.

______ **11.** We were washing dishes until nearly midnight. __________

______ **12.** The chiefs were willing to meet with the rank and file in the department. __________

______ **13.** The thiefs made off with all our luggage. __________

______ **14.** The governor was considering three separate vetos for upcoming bills. __________

______ **15.** The sopranos were the outstanding section in the chorus. __________

______ **16.** The tomatos tasted wonderful. __________

______ **17.** The movie studios were packed with visitors. __________

______ **18.** He got three Cs on his report card. __________

______ **19.** He attended rally's in support of his candidate. __________

______ **20.** They bought several loaves of bread. __________

Resultado del ejercicio 2: _____

EJERCICIO 3

Escribe el plural de las siguientes palabras.

21. logo __________

22. crush __________

23. potato __________

24. X __________

25. fungus __________

26. loaf __________

27. dynamo __________

28. tax __________

29. glass __________

30. basis __________

Resultado del ejercicio 3: _____

PRÁCTICA DE LA EVALUACIÓN

Pon en un círculo los plurales correctos de las siguientes oraciones.

31. The artist had several (studios/studioes) where he worked.

32. We rented (videoes/videos) to watch last night.

33. The women wore brightly colored (kerchieves/kerchiefs) on their heads.

34. The nomads roamed the (oasisses/oases) of the desert.

35. He had to consult several (indexs/indexes)to find the information he needed.

36. The Challenger crew are remembered as (heros/heroes) by many Americans.

37. They drove the (oxes/oxen) over the rough prairie land.

38. The number of fatal car (crashs/crashes) has diminished this year.

39. The manufacturers are trying new strains of (tobaccoes/tobaccos) each year.

40. We planted a number of (hollies/hollys) in our yard this year.

EJERCICIO FINAL

Escoge 10 palabras de esta lección que necesites recordar cómo se escriben. Escribe 5 de ellas en los espacios de abajo y las demás mantenlas en tus tarjetas de trabajo. Tu debes de tener al menos 75 palabras a estas alturas. Este es un buen momento para pedirle a un amigo que te evalue en definiciones y ortografía.

____

____

____

____

____

Técnicas Adquiridas

De un texto, escoge un artículo al azar e imagina como convertirías en plural cada palabra del texto.

Pon mucha atención a la ortografía de las palabras cuando tu las estudies diaria y semanalmente. Toma el tiempo necesario para arreglar la ortografía y el significado de dichas palabras. Escríbelas muchas veces. Pronuncialas y compáralas con las reglas que las rigen.

RESPUESTAS

EJERCICIO 1

1. windows
2. churches
3. silos
4. rodeos
5. cowboys
6. kerchiefs
7. broncos
8. flies
9. pianos
10. banjos

EJERCICIO 2

11. C
12. C
13. I, thieves
14. I, vetoes
15. C
16. I, tomatoes
17. C
18. I, C's
19. I, rallies
20. C

EJERCICIO 3

21. logos
22. crushes
23. potatoes
24. X's
25. fungi
26. loaves
27. dynamos
28. taxes
29. glasses
30. bases

PRÁCTICA DE LA EVALUACIÓN

31. studios
32. videos
33. kerchiefs
34. oases
35. indexes
36. heroes
37. oxen
38. crashes
39. tobaccos
40. hollies

L·E·C·C·I·Ó·N

SUFIJOS TRUCULENTOS

SUMARIO DE LA LECCIÓN

Esta lección te ayuda a resolver problemas causados por sufijos. Te enseña cuando usar *-ence* o *-ance*, *-ible* o *-able* y otros problemas causados por pares de sufijos.

En la lección 6 tu aprendiste que los sufijos—la terminación de las palabras—generalmente distinguen la parte del discurso de una palabra o su "trabajo" en una oración. Al aplicarse a la ortografía llega a ser facilmente confuso, porque muchos sufijos tienen significados similares, pero se escriben de manera un poco diferente uno del otro.

CUANDO USAR *-ABLE* Y *-IBLE*

LAS REGLAS

Estos sufijos son confusos generalmente en la ortografía, lo cual es entendible, ya que tienen la misma pronunciación. Como sea, al revisar las siguientes reglas y confiando en tu memoria, tu puedes evitar errores típicos y graves.

Cuando usar *-able*

Si la raíz de la palabra tiene el el sufijo *-ation,* tomará *-able.*

demonstration-demonstrable

imagination-imaginable
inflammation-inflammable

Si la raíz de la palabra está completa así misma, usualmente toma la *-able.*

bear-bearable
drink-drinkable
laugh-laughable
read-readable

Si la palabra termina con una *c* o una *g* fuerte, tomará la *-able.*

amicable
despicable
navigable

Cuando usar *-ible*

Si una palabra tiene un sufijo *-ion,* usualmente se convertirá en *-ible.*

collection-collectible
disruption-disruptible
division-divisible

Si una palabra finaliza con *-ss* se le agrgará la *-ible.*

accessible
admissible
irrepressible
permissible

Si la palabra de una raíz no está en la palabra completa, usualmente tendrá *-ible.*

audible
horrible
responsible
terrible
visible

Si una palabra finaliza con una *g* o una *c* suave, tomará una *-ible.*

forcible
incorrigible
invincible
legible
reducible
reproducible

TRUCOS PARA LA MEMORIA

- Existen un mismo número de palabras en inglés que utilizan ambas terminaciones en *-able* o *-ible.* Pero si de adivinar se trata las probabilidades de usar *-able* será la más correcta.
- Piensa en una palabra que su sustantivo forma y usa eso para guiarte en la mejor opción para los finales. Por ejemplo, el sustantivo formado de el verbo *convert* es *conversion* lo cual significa que tu debes usar *-ible* , de acuerdo a la regla *-ion.*

LAS EXCEPCIONES

- La palabra *predict-prediction* no sigue la regla *-ion,* pero utiliza *predictable.*

CUANDO USAR *-ANT/-ANCY* Y *-ENT/-ENCY*

LAS REGLAS

Las reglas que usan *-ant/-ance/-ancy* y *-ent/-ence/-ency* son sólo una pocas y no abaracan todos los casos. Aquí están algunas guías:

Palabras con *-ant/-ance/-ancy* pueden ser sustantivos o adjetivos.

Palabras con *-ent/-ence/-ency* pueden ser sólo sustantivos.

Usalos cuando las raíces de las palabras terminen en:

sist* o *xist *(existence, persistence)*
***c* o *g* suave** *(negligent, emergency)*
un vocal + *r* *(deference, reference)*

Aquí hay algunos ejemplos de palabras que toma la versión de la *a* al final:

abundant	inheritance	significance
brilliant	radiance	stimulant
elegance	relevance	tenancy
hesitancy	repentance	tolerance
ignorance	resistant	vacancy

Aquí hay algunos ejemplos de palabras que toman la versión de la *e* para su terminación:

coherent	divergence	precedent
confident	frequent	prominence
consequence	indulgent	reference
convenient	inference	resident
dependence	negligent	
different	permanent	

LAS EXCEPCIONES

- *Resist* toma *-ant/-ance* aunque finalice en *sist: resistant, resistance.*
- Unas pocas palabras finalizan en *ense.* Muchas de éstas son igualmente comunes y fáciles de recordar: *expense, immense, nonsense, pretense, suspense.*

TRUCOS PARA LA MEMORIA

Si la raíz de una palabra contiene una *a* como en *dominate* la posibilidad es que use la versión de la *a* para su finalización: dominance. Si apesar de estos trucos tienes dudas, consulta el diccionario.

EN CONTEXTO

Usa el contexto para recordar las reglas. Selecciona dentro de los paréntesis la palabra correcta para cada una de las siguientes oraciones.

1. She had an (abundance/abundence) of roses in her garden.
2. There was an (immence/immense) stretch of land before them.
3. The lawyer tried to prove (negligence/negligance) in the case.
4. He tried to overcome her (resistence/resistance) to changing jobs.
5. She was (repentent/repentant) for the way she treated her mother.

Cuando Usar *-ary* and *-ery*

Tu nisiquiera necesitas una regla para figurarte si debes usar *ary* o *-ery,* porque es muy simple. Sólo dos palabras comunmente terminan en *-ery: cemetery* y *stationery.* Las otras utilizan *-ary.* Esto incluye las homófonas de *stationery* (lo cual significa *writing paper*), *stationary* (lo cual significa *not moving*).

Aquí hay algunas palabras con *-ary:*

boundary	imaginary	secretary
contrary	library	solitary
dictionary	military	vocabulary
February	secondary	voluntary

Cuando Usar *-al* y *-el*

Otra vez, no hay una regla para escoger ente *-al* o *-el,* pero afortunadamente hay unas pocas palabras que utilizan *-el.* Si tu tienes un conocimiento básico de las palabras más comunes con *-el* y recuerdas todas aquellas que usan *-al,* tu las deletrearás correctamente.

Aquí hay algunas de las palabras más comunes que usan *-el:*

cancel	hovel	panel
channel	jewel	shovel
cruel	kennel	towel
drivel	model	travel
fuel	novel	tunnel

Aquí hay algunas de las muchas palabras que utilizan *-al:*

accrual	lyrical	penal
choral	magical	personal
dismissal	mental	several
festival	moral	tribal
legal	neutral	
literal	oval	

PRÁCTICA

Ve si tu puedes detectar errores de ortografía y escribir correctamente las palabras del siguiente ejercicio. Completa el ejercicio 1y 2 y compara tus respuestas al final de esta lección. Si tu resultado es menos del 80 por ciento en cualquiera de los ejercicios, realiza el ejercicio 3 para práctica adicional.

EJERCICIO 1

En los siguientes párrafos escribe el plural de las palabras subrayadas.

1. The general thought the army was (invincibel/ invincible).

2. He lived a (solitery/solitary) life after his wife died.

3. The building was not handicapped (accessable/ accessible).

4. The bumper sticker said, "We're spending our children's (inheritence/inheritance). "

5. The class was restless as (dismissel/dismissal) time approached.

6. Theirs was an (amicable/amicabel) divorce with few hard feelings on either side.

7. He was a (prominant/prominent) attorney, well known throughout the city.

8. We left the dog in the (kennal/kennel) during our vacation.

9. He believed in a (literel/literal) interpretation of the Bible.

10. He made no (pretence/pretense) of being interested in sports.

Resultado del ejercicio 1: _____

EJERCICIO 2

Marca con una *C* para indicar que es correcta o con una *I* para señalar que es incorrecta la manera en que están escritas las palabras. Dado el caso, escríbelas correctamente en las líneas siguientes.

______ **11.** He consulted several <u>referance</u> books in the <u>librery</u>. __________ __________

_____**12.** The doctor's handwriting was never very legible. __________

_____**13.** He said many of the bills were uncollectible. __________

_____**14.** The little girl had an imaginery friend called Sandy. __________

_____**15.** He made frequent visits to his elderly grandmother in England. __________

_____**16.** The villain was a despicible fiend, capable of doing great evil. __________

_____**17.** The oily rags in the garage turned out to be inflammible. __________

_____**18.** The politicians call for an end to welfare dependancy. __________

_____**19.** There were visible tracks along the snowy ridge. __________

_____**20.** He needed no chemical stimulents to keep him awake. __________

Resultado del ejercicio 2: _____

EJERCICIO 3

Escribe el plural de las siguientes palabras.

21. conveni__nt

22. diction__ry

23. imagin__ble

24. permiss__ble

25. indulg__nt

26. perman__nt

27. vac__ncy

28. chann__l

29. leg__l

30. aud__ble

Resultado del ejercicio 3: _____

EJERCICIO FINAL

Escoge 10 palabras de esta lección que necesites recordar cómo se escriben. Escribe 5 de ellas en los espacios de abajo y las demás mantenlas en tus tarjetas de trabajo.

____

____

____

____

____

RESPUESTAS

EJERCICIO 1

1. invincible
2. solitary
3. accessible
4. inheritance
5. dismissal
6. amicable
7. prominent
8. kennel
9. literal
10. pretense

EJERCICIO 2

11. I, reference, library
12. C
13. C
14. I, imaginary
15. C
16. I, despicable
17. I, inflammable
18. I, dependency
19. C
20. I, stimulants

EJERCICIO 3

21. convenient
22. dictionary
23. imaginable
24. permissible
25. indulgent
26. permanent
27. vacancy
28. channel
29. legal
30. audible

Técnicas Adquiridas

Mira el significado de los sufijos utilizados en esta lección.

Pon mucha atención a la ortografía de las palabras cuando tu las estudies diaria y semanalmente. Cuando te encuentres con palabras que finalicen con *-able/-ible, -ant/-ancy, -ent/-ency, -ary/-ery* o *-al/-el,* haz un alto y míralas detenidamente para recordar su ortografía y significado en tu memoria. Escríbelas muchas veces. Pronuncialas y compáralas con las reglas que las rigen.

L·E·C·C·I·Ó·N 17

PONIÉNDO PALABRAS JUNTAS: PREFIJOS, GUIÓNES Y PALABRAS COMPUESTAS

SUMARIO DE LA LECCIÓN

Esta lección aborda la manera de juntar palabras y partes de la palabras como prefijos, palabras con guiónes y palabras compuestas, así como la manera de deletrearlas.

La lección 16 te enseñó como deletrear sufijos—el final de las palabras. Existen otros dos tipos de "agregados" que los buenos escritores necesitan saber usar. Estos son los prefijos que cambian o alteran el significado de las palabras (ve la lección 5) y los guiónes, que conectan dos palabras. Parte de usar los guiónes también implica saber cuando no usarlos.

PREFIJOS

LA REGLA

Cuando tu generalmente agregas un prefijo a la raíz de una palabra, ni la raíz ni el prefijo cambian su ortografía:

un- + prepared = unprepared
mal- + nutrition = malnutrition
sub- + traction = subtraction
mis- + informed = misinformed

Esta regla se aplica siempre y cuando la raíz de la palabra inicie con la misma letra con que inicia el prefijo. Generalmente tu usas ambas consonantes. Aquí hay unos ejemplos:

dissatisfied	irrational	transsexual
disservice	irreverent	unnatural
illegible	misspelled	unnerved
illegitimate	misstep	

TRUCOS PARA LA MEMORIA

Permítele a tus ojos ser guiados. Escribe las palabras sin consonantes dobles y ve como lucen. Si lucen raras, probablemente están mal escritas.

PREFIJOS QUE CAMBIAN LA FORMA

Hay dos conjuntos de prefijos que pueden cambiar la forma, dependiendo del principio de la palabra a la que están unidas.

Co-, col-, com-, y con-

El prefijo *co-*, significa *con,* y es también escrito como col-, com-, y con-, dependiendo del inicio de las raíces. Todas ellas significan *con;* tu sólo tienes que conocer qué forma usar. Tu oido puede oir. Tu escuchas *cooperative,* no ***com****operative* o ***col****operative.* Tu escuchas ***col****lateral* no ***com****lateral.* Tu escuchas ***com****pact* no ***con****pact.* Y cosas así.

Una vez que tu has oído la forma correcta de los prefijos, la regla correspondiente no cambia la ortografía que se aplica. Sólo agrega el prefijo a la raíz de la palabra sin cambiar la ortografía.

Aquí algunos ejemplos:

cohabitation	commentator
cohesive	commercial
coworker	commitment
collaboration	congregation
collateral	contract
collating	contribute

In-, il-, im-, y ir-

El prefijo *in-* significa *no* o *lo contrario de.* Aquí otra vez la regla básica se aplica: tu no cambias la ortografía de la raíz de la palabra cuando agregas el prefijo. Aquí hay unos ejemplos:

infrequent
infertile
insubstantial

Como sea, los prefijos cambian su forma. Las formas *in-, il-, im,* e *ir-* son usadas con raíces de palabras que inician con *l, m* o *r.* Los prefijos cambian con la intención de ayudar a su pronunciación.

- Las raíces inician con *l* se les añade *il-: illogical* (no *inlogical*).
- Las raíces inician con *m* se les añade *im-: immoral* (no *inmoral*).
- Las raíces inician con *r* se les añade *ir-: irregular* (no *inregular*).

Tu escucharás cuál forma usar.

PREFIJOS SIMILARES QUE TIENEN SIGNIFICADOS DIFERENTES

Pre-, pro-, y per-

Para decidir cuál de los siguientes prefijos usar: *pre-, pro-,* y *per-,* tu mejor guía será el significado diferente que tiene cada uno.

- *Pre-* significa *antes: prejudice*
- *Pro-* significa *adelante: project*
- *Per-* significa *a través: permeate*

Si tu pones mucha atención a su pronunciación, sus sonidos también pueden ayudarte a escoger la forma correcta. Di, por ejemplo, ***propeller***, no ***perpeller***.

Aquí hay algunas palabras con *pro-*, *per-*, y *pre-*:

proceed	percolator	prehensile
prohibit	permission	prehistoric
projection	perpetual	prenatal
proposition	persistence	prescribe

Anti- y ante-

Anti- y *ante-* son dos prefijos más que pueden ser confuses en su ortografía. En estos también tienes que guiarte por el significado de el prefijo.

- *Anti-* significa *en contra de: antibiotic* (against biological organisms).
- *Ante-* significa *antes de: antebellum* (before the war), *anteroom* (room before the room).

EN CONTEXTO

Utiliza el contexto para aprender la regla para los prefijos. Pon un círculo a la ortografía correcta en las siguientes oraciones.

1. The argument seemed (ilogical/illogical) to me.
2. He was busy (collating/colating) all the pages.
3. She was (irreverent/ireverent) in church today.
4. The (comentator/commentator) on TV summarized the news of the day.
5. They (colaborated/collaborated) on the project for school.

Uso del Guión

CUANDO USAR EL GUIÓN

Cuando tu pones palabras y partes de palabras juntas, es difícil saber cuándo dejar las palabras separadas, cuándo poner un guión y cuándo poner las palabras o parte de las palabras juntas dentro de una nueva palabra. ¿Cómo escribes *co-dependent* o *codependent*? ¿Tengo yo un *son in law* o *un son-in-law*? En ambos casos la respuesta correcta es la segunda oración.

Existen por lo menos ocho reglas para usar guiónes y unir palabras. Esas palabras generalmente están unidas de tal manera que desempeña una función nueva en la oración.

Combina palabras con un guión para formar un adjetivo, cuando el adjetivo aparezca antes del sustantivo.

a well-heeled man
a first-rate hotel
a well-known actor

Cuando la combinación de palabras hacen aparecer un adjetivo después de un sustantivo, esta combinación no puede usar guiónes.

It's a job ill suited to his talents.
She is well regarded in the community.
The hotel is first rate.

Combina palabras con un guión cuando las palabras están usadas juntas como parte de un discurso. Esto incluye familias relacionadas.

editor-in-chief
jack-of-all-trades
maid-of-all-work
mother-in-law
runner-up
sister-in-law

Usa un guión antes de *elect* y después de *vice, ex* or *self*.

ex-President
ex-teacher
self-styled
Senator-elect
Vice-Admiral

Usa un guión cuando juntes un prefijo con la raíz de una palabra que inicie con la misma letra con la que termina el prefijo, con *o* en cualquier caso donde la confusión pueda resultar.

bell-like
co-owner
pre-empt
pre-existing
re-enactment
re-enlist

Usa un guión cuando usas un prefijo con una palabra que inicie con una mayúscula.

mid-Atlantic
pan-European
post-Civil War
trans-Siberian
un-American

Usa un guión para números o fracciones compuestas de números.

thirty-nine years
one and two-thirds cups of broth
one-half of the country
three-fourths of the electorate

También usa guiónes cuando combines números con sustantivos.

a class of six-year-olds
a two-year term
a twenty-five-cent fare

Usa un guión para formar designaciones étnicas.

an African-American woman
the Sino-Russian War
the Austro-Hungarian Railroad

Usa un guión para combinar verbos y agregar *-ons* para formar sustantivos nuevos. (*Add-ons* es un buen ejemplo.)

break-in
cure-all
play-off
put-down
runner-up

CUANDO NO USAR EL GUIÓN

Hablando generalmente, las palabras compuestas están simplemente colocadas juntas sin cambios ortográficos en ellas. Ninguna de las siguientes palabras usan guiónes:

airlift	carfare	railroad
boxcar	mailbox	sickroom
boyfriend	playpen	

Excepto por los casos antes expuestos, los prefijos también están unidos directamente a las raíces de las palabras.

La mejor regla de oro es esta: Si la frase actúa como un adjetivo, probablemente necesita un guión. Si tu quieres poner dos palabras juntas y éstas no parecen adaptarse a ninguna de éstas reglas, la mejor estrategia es consultar el diccionario.

EN CONTEXTO

Trata de usar algunas palabras que usen guiónes en su contexto. Agrega cualquier guión en las siguientes oraciones. Las respuestas están en seguida de las oraciones.

1. The insurance company would not waive the copayment because his illness was a preexisiting condition.
2. Two thirds of the people who answered the poll felt that the ex president made an excellent commander in chief.
3. My sister in law insists that the ill fated Knicks will still win the play offs.
4. A well known historian, a professor in his twenty seventh year at the college, was a preeminent authority on African American culture.
5. A prolife advocate was arrested for distributing antiabortion literature.

(**Respuestas: 1.** pre-existing; **2.** two-thirds, ex-president, commander-in-chief; **3.** sister-in-law, ill-fated, play-offs; **4.** well-known, twenty-seventh, pre-eminent, African-American; **5.** pro-life, anti-abortion)

PRÁCTICA

Completa el ejercicio 1 y 2 y compara tus respuestas al final de esta lección. Si tu resultado es menos del 80 por ciento en cualquiera de los ejercicios, realiza el ejercicio 3 para práctica adicional. Si no, ve directamente a la Práctica de la Evaluación.

EJERCICIO 1

En las siguientes oraciones selecciona de los paréntesis la palabra escrita correctamente.

1. He was (unerved/unnerved) by being suddenly thrust into the spotlight.
2. He (mis-interpreted/misinterpreted) what she said about her (brother in law/brother-in-law) and his (fly by night/fly-by-night) business partners.
3. The (governor-elect/governor elect) was (disatisfied/dissatisfied) with his chief of staff and wanted to (replace/re-place) him when she took office.
4. It had been (fifty two/fifty-two) years since he had seen his old (comrade in arms/comrade-in-arms).
5. The two (ex servicemen/ex-servicemen) wanted to become (co-owners/coowners) of the new (three star/three-star) restaurant.
6. The two (co workers/coworkers) (colaborated/collaborated) on their (twice-weekly/twice weekly) report.
7. The director, (long established/long-established) as an innovator, decided to (reenact/re-enact) the battle in front of the cameras.
8. The woman had (irational/irrational) fears about meeting her (long lost/long-lost) cousin.

9. We did him a (disservice/diservice) by (premoting/promoting) his brother ahead of him.

10. She waited in the (antiroom/anteroom) while her (coauthor/co-author) met with the (editor in chief/editor-in-chief).

Resultado del ejercicio 1: _____

EJERCICIO 2

Marca con una *C* para indicar que es correcta o con una *I* para señalar que es incorrecta la manera en que están escritas las palabras. Dado el caso, escríbelas correctamente en las líneas siguientes.

_____**11.** He kept irregular hours and was often out until after midnight. __________

_____**12.** The bank wanted good colateral on its loan to the young couple. __________

_____**13.** The lines on the ancient vase were very symetrical. __________

_____**14.** The stand up comic played to a well heeled audience. __________ __________

_____**15.** He was the runner up in the contest and was invited to appear again. __________

_____**16.** The chocolate candy was irresistible to the toddler. __________

_____**17.** The perjections show that the sales figures were on target. __________

_____**18.** The class of five-year-olds enjoyed their trip to the aquarium. __________

_____**19.** He carved a scary jack o lantern at Halloween.__________

_____**20.** Two-thirds of the employees were laid off from their jobs. __________

Resultado del ejercicio 2: _____

EJERCICIO 3

Las siguientes palabras fueron escritas o puestas con guiónes incorrectamente. Escríbelas correctamente.

21. unAmerican

22. preempt __________

23. imoral __________

24. jack in the box __________

25. antebiotic __________

26. pre Civil War __________

27. Franco American __________

28. prehibit __________

29. pernatal __________

30. girl-friend __________

Resultado del ejercicio 3: _____

PRÁCTICA DE LA EVALUACIÓN

Selecciona la opción correcta para las siguientes oraciones.

31. He __________ the word in class today.
a. mispelled
b. misspelled
c. mis-spelled

32. He had a strong __________ to his job.
a. comitment
b. comittment
c. commitment

33. She was __________ with the service at the restaurant.
a. disatisfied
b. dissatisfied
c. disattisfied

34. The bank wanted __________ on its loan.
a. collateral
b. colateral
c. co-lateral

35. There was an __________ quiet in the house.
a. unatural
b. un-natural
c. unnatural

36. They met in the __________ to the office.
a. antiroom
b. anteroom
c. auntiroom

37. It was hard to believe such an __________ story.
a. illogical
b. ilogical
c. illogicle

38. She was accused of being an __________ woman.
a. imoral
b. imorral
c. immoral

39. An __________ heartbeat kept him in the hospital.
a. irregular
b. iregular
c. irreguler

40. The captain gave his permission to __________.
a. procede
b. proceed
c. prosede

Ejercicio Final

Escoge 10 palabras de esta lección que necesites recordar cómo se escriben. Escribe 5 de ellas en los espacios de abajo y las demás mantenlas en tus tarjetas de trabajo.

____

____

____

____

____

Técnicas Adquiridas

Observa los prefijos, palabras compuestas y con guiónes que viste hoy. ¿Qué reglas están aplicadas?

Escribe una oración o un párrafo que use algunas de las palabras que encontraste difíciles de escribir. Leelas en voz alta muchas veces y pon especial atención en sus dificultades. Escríbelas muchas veces. Pronuncialas en voz alta, de tal manera que puedas escuchar su doble consonante.

Respuestas

EJERCICIO 1

1. unnerved
2. misinterpreted, brother-in-law, fly-by-night
3. governor-elect, dissatisfied, replace
4. fifty-two, comrade-in-arms
5. ex-servicemen, co-owners, three-star
6. coworkers, collaborated, twice-weekly
7. long established, re-enact
8. irrational, long-lost
9. disservice, promoting
10. anteroom, coauthor, editor-in-chief

EJERCICIO 2

11. C
12. I, collateral
13. I, symmetrical
14. I, stand-up, well-heeled
15. I, runner-up
16. C
17. I, projections
18. C
19. I, jack-o-lantern
20. C

EJERCICIO 3

21. un-American
22. pre-empt
23. immoral
24. jack-in-the-box
25. antibiotic
26. pre-Civil War
27. Franco-American
28. prohibit
29. prenatal
30. girlfriend

PRÁCTICA DE LA EVALUACIÓN

31. b
32. c
33. b
34. a
35. c
36. b
37. a
38. c
39. a
40. b

L · E · C · C · I · Ó · N

APÓSTROFES, ABREVIACIONES Y SIGLAS

SUMARIO DE LA LECCIÓN

Esta lección te muestra cuándo usar los apóstrofes y cuando no. También cuándo y cómo usar las abreviaciones y las siglas.

Los apóstrofes están generalmente mal empleados y es confuso cuándo usarlos o no. Esta lección te proporciona algunas reglas para usarlos correctamente. También te ofrece una sección de siglas y abreviaciones que son expuestos como palabras individuales, pero representan frases enteras y otras clases de abreviaciones.

APÓSTROFES

De todos los signos de puntuación, el apóstrofe es probablemente uno de los más confuses. Afortunadamente, existen una serie de reglas sencillas a seguir que te guiarán a usarlos correctamente.

LAS REGLAS

Existen dos reglas para el uso de apóstrofes y una para no usarlos:

Regla 1. Usa un apóstrofe para señalizar posesión: Jack's book.
Regla 2. Usa un apóstrofe para marcar una contracción: We don't like broccoli.

Regla 3. No uses un apóstrofes para formar plurales: I have two apples (not *apple's*).

Observa la tabla de abajo para ver cómo usar las reglas que se aplican para formar posesivos con el uso de apóstrofes.

Contracciones

Una contracción es formada puntuando dos palabras juntas y omitiendo una o más letras. Agrega un apóstrofe para mostrar que las letras han sido omitidas. Por ejemplo, "We have decided to move to Alaska" se convierte en, "**We've** decided to move to Alaska."

Aquí hay una lista de las contracciones más comunes:

he will = he'll
I will = I'll
we will = we'll
it is = it's
she is = she's
you are = you're
they are = they're
we are = we're
cannot = can't
do not = don't

USO DE LOS APÓSTROFES PARA MOSTRAR POSESIÓN

Situación	Regla	Ejemplo
Sustantivo en singular	Agregar 's	the child's cap
Sustantivo en singular finalizado en ss	Agregar solamente '	the hostess' home
Sustantivo en plural que finaliza con una s	Agregar solamente '	the lawyers' bills
Sustantivo en plural que no finaliza en -s	Agregar 's	the Children's Museum, the men's clothes
Sustantivo propio (nombre)	Agregar 's	Jenny's watch, Chris's car, Mrs. Jones's driveway
Sustantivo indefinido en singular	Agregar 's	one's only hope
Pronombre indefinido en plural	Agregar solamente '	all the others' votes
Pronombre compuesto	Agregar ' o 's después de la palabra final	the men-at-arms' task, my mother-in-law's house
Para unión de posesiones	Agregar 's al final del nombre	Jim and Fred's Tackle Shop
Posesiones separadas	Agregar 's después de los dos nombres	Jim's and Fred's menus

does not = doesn't
have not = haven't
should not = shouldn't
will not = won't

Aquí tienes otras formas de usar los apóstrofes para representar letras omitidas:

- En dialecto: "I'm goin' down to the swimmin' hole," said the boy.
- Cuando la letra *o* representa *of:* "Top o' the morning" or "Mr. O'Reilly."

LAS EXCEPCIONES

Existe una excepción a la regla del uso de apóstrofes para plurales. Como tu viste en la lección 16, tu puedes usar un apóstrofe para formar el plural de letras y números: "I had three A's on my report card."

EN CONTEXTO

Practica el uso de apóstrofes en contexto, corrigiendo las siguientes oraciones. Las respuestas se dan en seguida.

1. Mrs. Clarks' store had been built in the 1970s.

2. Everyones lawn chair's were stored in John and Marys backyard.

3. They had gone to the ladies room to powder their nose's.

4. Wed rather have dinner at my mother-in-laws house next door.

5. Shouldnt he pick up his fax's before he goes home?

(**Respuestas: 1.** Clark's; **2.** Everyone's, chairs, Mary's; **3.** ladies', noses; **4.** We'd, mother-in-law's; **5.** Shouldn't, faxes)

ABREVIACIONES

Muchas expresiones y palabras en inglés están abreviadas, es decir, han sido escritas de manera breve o compacta. Aunque ciertas abreviaciones no son usadas en escritos formales, especialmente aquellas usadas para los días de la semana, pueden ser usadas y de gran ayuda en situaciones menos formales.

LA REGLA

Las abreviaciones son seguidas de puntos.

Ve la tabla de abajo para ver algunos de las abreviaciones más comunes.

ABREVIACIONES COMUNES

Tipos	Ejemplos
Nombre de los días	Sun., Mon., Tues., Wed., etc.
Nombre de los meses	Jan., Feb., Mar., Apr., etc.
Títulos y grados	Mr., Mrs., Ms., Esq., Dr., Hon., M.D., Ph.D., Ed.D.
Jerarquías	Sgt., Capt., Maj., Col., Gen.
Términos empleados en negocios	C.O.D. (collect on delivery), Mfg. (Manufacturing), Inc. (Incorporated), Assn. (Association), Ltd. (Limited)

LAS EXCEPCIONES

- No uses puntos con dos letras de código postal para los Estados como: CA, FL IL, NJ, NY, TX, por ejemplo.
- No uses puntos en las letras iniciales de nombres de compañias como: FBI, CBS, NFL.
- No uses puntos después de letras en siglas (ve en seguida).

SIGLAS

Una de las maneras en que nuestro lenguaje enriquece su vocabulario es mediante la creación de abreviaciones. Las abreviaciones son palabras conformadas con las primeras letras de una serie de palabras o de una frase. Estas se diferencian de las abreviaciones o de las iniciales de las palabras de las cuales fueron formadas, ya que ahora éllas representan toda la frase. Por ejemplo, las abreviaciones *FBI* (Federal Bureau of Investigation) es pronunciada *eff-bee-eye* en tanto que las siglas *AIDS* (auto-immune deficiency syndrome) es pronunciada como una palabra.

Aquí están algunas de las abreviaciones más comunes, así como sus variaciones. ¡Algunas de las siglas se han convertido en palabras muy comunes, que nunca imaginarías que fueron siglas en su origen! Observa que algunas siglas están escritas en letras minúsculas y otras en mayúsculas.

snafu = **s**ituation **n**ormal, **a**ll **f**ouled **u**p
scuba = **s**elf-**c**ontained **u**nderwater **b**reathing **a**pparatus
yuppie = **y**oung **u**rban **p**rofessional
laser = **l**ight **a**mplification by **s**timulated **e**mission of **r**adiation
radar = **ra**dio **d**etecting **a**nd **r**anging
moped = **mo**tor **ped**al
WYSIWYG = **w**hat **y**ou **s**ee **i**s **w**hat **y**ou **g**et (on a computer screen)
lifo = **l**ast **i**n, **f**irst **o**ut (in employment)

También existen siglas que provienen del nombre de organizaciones, términos científicos o condiciones médicas que son muy largas para recordar:

- **Grupos**
  CORE = Council on Racial Equality
  UNICEF = United Nations International Children's Emergency Fund
  HUD = Housing and Urban Development, a government agency
  Fannie Mae = Federal National Mortgage Association
- **Términos médicos**
  AIDS = auto-immune deficiency syndrome
  SIDS = sudden infant death syndrome
  CAT scan = computer assisted technology scan
- **Términos tecnológicos**
  REM = rapid eye movement (in sleep)
  RAM = random access memory (on a computer)
  COBOL = common business oriented (computer) language

Un tipo de sigla invertida es *emcee* la cual es derivada de las iniciales M.C., para abreviar maestra de ceremonias.

PRÁCTICA

Completa el ejercicio 1 y 2 y compara tus respuestas al final de esta lección. Si tu resultado es menos del 80 por ciento en cualquiera de los ejercicios, realiza el ejercicio 3 para práctica adicional.

EJERCICIO 1

En las siguientes oraciones selecciona las abreviaciones y apóstrofes correctos.

1. Capt Meyerss ship was launched in the 1970s.

2. Tess dream was to earn three star's for her restaurant.

3. My mother-in-laws attorney's put the will in probate.

4. The National Womens Open brought players' from all over the world.

5. "Cant help lovin that man of mine," sang the shows lead, Betsy O Brien.

6. Everyones wish was for an end to that countries violence.

7. Shouldnt she have more than just Sids word that the house isnt very safe?

8. Shell want to know how the money got into the childrens' hands.

9. Joe and Harrys music could be heard on Lindas tape player.

10. Carols and Judys dress's were hanging on the seamstress door.

Resultado del ejercicio 1: _____

EJERCICIO 2

Usa la lista de siglas de esta lección para acompletar las siguientes oraciones.

11. My doctor ordered a __________ to determine if I needed surgery.

12. If I needed a mortgage, I might apply for one through __________.

13. Many dollars from __________ have contributed to the aid of children all over the world.

14. If I needed a computer language for my business, I would probably need __________.

15. Some feminists object to the teaching of so many works by __________ in our liberal arts colleges and so few by women and minority authors.

16. As usual, some __________ at the Motor Vehicle Bureau kept me waiting for an hour.

17. If I plan to go diving, I should take my __________ gear.

18. The air traffic controller scanned the __________ screen to search for planes.

19. The plague of our century is probably the __________ epidemic.

20. Some young people are rejecting the __________ lifestyle in favor of a more relaxed and less materialistic way of life.

Resultado del ejercicio 2: _____

EJERCICIO 3

Marca con un círculo el término correcto en las siguientes oraciones.

21. I will have two (week's/weeks') vacation in (N.O.V./Nov.) this year.

22. Gen. (Jone's/Jones's) order was to leave on (Sun./Sund.)

23. My attorney is addressed as James Olsen, (Esqu./Esq.)

24. (Russ's/Russ') aunt had (lasar/laser) surgery to correct her cataracts.

25. My letter to my professor was addressed, "Mary Stevens, (PHD./Ph.D.)"

26. (Les's and Larry's/Les and Larry's) mopeds were parked outside.

27. The ancient Greeks worshiped at the (goddess'/goddess's) shrine every spring.

28. Doctors in sleep disorder clinics study patients' (REM/R.E.M.) sleep.

29. It was (their/they're) decision to move to (N.Y./NY) over the summer.

30. (Maj./Mjr.) Clark was the (emcee/emmcee) on the USO tour this year.

Resultado del ejercicio 3: ____

EJERCICIO FINAL

Escoge 10 palabras de esta lección que necesites recordar cómo se escriben. Escribe 5 de ellas en los espacios de abajo y las demás mantenlas en tus tarjetas de trabajo.

____

____

____

____

____

Técnicas Adquiridas

Observa los apóstrofes, abreviaciones y siglas que viste hoy. ¿Qué reglas están aplicadas?

Escribe oraciones que usen apóstrofes, abreviaciones y siglas para practicar lo que aprendiste en esta lección.

Habilidades de Estudio

Si tu puedes estudiar con algun amigo que te ayude a revisar tu trabajo en este libro, aquí te damos algunas sugerencias:

- En una lluvia de ideas expresa todas las abreviaciones y siglas que te sean nuevas. Piensa y agrega 5 de ellas a tu lista de esta lección.
- Juega "Jeopardy" con las palabras. Da una definición y tu compañero te da la palabra en una pregunta. Por ejemplo, tu definición puede ser "una palabra que signifique una persona que provea de negocias a tu compaña". La respuesta es **¿rainmaker?** (Mira la lección 19.)
- Escoge 10 palabras que realmente quieras recordar. Escribe cada palabra en una tarjeta de trabajo y duplicalas para jugar "Concentración". Pon todas las cartas boca abajo. Trata de encontrar la misma palabra en las cartas, volteando dos cartas a la vez. Esto también se aplica si en una carta tienes la palabra y en otra la definición.
- Escribe seis palabras y escríbelas en tarjetas de trabajo. Voltéalas boca abajo. Cierra los ojos. Permite a tu compañero retirar una tarjeta. Ve si tu recuerdas la palabra retirada. Trata varias veces. Agrega más cartas para un dasafío mayor.
- Pídele a tu compañero deletrear las palabras en voz alta. Después tu hazlo también. Tu oído te ayudará a recordar la ortografía de palabras difíciles.

RESPUESTAS

EJERCICIO 1

1. Capt., Meyers's
2. Tess', stars
3. mother-in-law's, attorneys
4. Women's, players
5. Can't, lovin', show's, O'Brien
6. Everyone's, country's
7. Shouldn't, Sid's, isn't
8. She'll, children's
9. Harry's, Linda's
10. Carol's, Judy's, dresses, seamstress'

EJERCICIO 2

11. CAT scan
12. Fannie Mae
13. UNICEF
14. COBOL
15. WASPs
16. snafu
17. scuba
18. radar
19. AIDS
20. yuppie

EJERCICIO 3

21. weeks', Nov.
22. Jones's, Sun.
23. Esq.
24. Russ's, laser
25. Ph.D.
26. Les's and Larry's
27. goddess'
28. REM
29. their, NY
30. Maj., emcee

L·E·C·C·I·Ó·N 19

PALABRAS NUEVAS: APRENDIZAJE Y ORTOGRAFÍA DE VOCABULARIO EMERGENTE

SUMARIO DE LA LECCIÓN

La lección de hoy te enseña el significado y ortografía de palabras nuevas, concentrándose en vocabulario nuevo y emergente, proveniente de la ciencia, la tecnología, los negocios, la política, la sociedad y los medios de comunicación.

El inglés es un lenguaje difícil de leer y escribir, porque tiene un sistema fonético irregular y un partén ortográfico complicado. No obstante, una de las cosas maravillosas que tiene es su flexibilidad. El inglés constantemente está agregando palabras nuevas, tomando palabras procedentes del mundo de la tecnología, los negocios y las artes. Como individuo tu puedes ser tan creativo en reunir nuevas palabras en tu vocabulario al leer, escribir o al hablar como lo es nuestra sociedad al contemplar la importancia de incorporar estas nuevas palabras.

Esta lección explorará algunas de las palabras y expresiones más nuevas que han enriquecido nuestro lenguaje, así como la posibilidad de agregar dichas en el desarrollo de tu vocabulario.

Vocabulario de Palabras Nuevas y Emergentes

Aquí hay algunos ejemplos de palabras que se han incorporado a nuestro lenguaje. ¿Cuántas reconoces de vista o por su sonido?

DE LA CIENCIA Y LA TECNOLOGÍA

arthroscopic surgery
biosphere
CD-ROM
cloning
download
e-mail
genetic therapy
global warming
hard drive
Internet
In-vitro fertilization

DE LOS NEGOCIOS Y LA INDUSTRIA

cash cow
disincentives
downsizing
fast track
flextime
glass ceiling
golden parachute
headhunter
human resources
junk bonds
mommy track
networking
outsourcing
Peter Principle
rainmaker
upscale
worst case scenario

DE LA POLÍTICA, SOCIEDAD Y LOS MEDIOS DE COMUNICACIÓN

co-parenting
Generation X
gentrification
hip-hop
palimony
policy wonk
prequel
rustbelt
spa cuisine
spin doctors
stonewall
sunbelt
tabloid television

Cómo las Palabras Nuevas son Creadas

Las palabras como las en listas previamente, han sido creadas por la necesidad de describir algo que antes no existía o no era común. Nosotros creamos palabras en nuevas situaciones, como a continuación se expresa:

- Nosotros describimos eventos o tendencias en coloridas y creativas maneras. Por ejemplo, si las mujeres parecen estar limitadas en su capasidad de escalar en el mundo de los negocios debido a que se encuentran con obstáculos de promoción de los cuales no estan al tanto, nosotros llamamos esa situación un tope invisible, *glass ceiling.*
- Nosotros mezclamos palabras para formar nuevas. A continuación algunos ejemplos:
  brunch (breakfast and lunch)
  camcorder (camera recorder)
  cremains (remains after cremation)
  docudrama (documentary drama)
  infomercial (informational commercial)
  kidvid (kids' video)
  pixel (picture element)
  simulcast (simultaneous broadcast)
  sitcom (situation comedy)
  smog (smoke and fog)
- Nosotros formamos palabras derivadas de productos creados y registrados por compañias, sin importar su manufactura. Eventualmente, estas palabras omiten sus letras mayúsculas, como se muestra en los siguientes productos:

band-aid
crayolas
jello
kleenex
scotch tape
thermos
xerox

- Nosotros creamos nuevas formas basados en eventos históricos. Por ejemplo, desde que en 1970 se supo del escándalo de Hotel Watergate, los medios de comunicación tienden a agregar el término "gate" para referir cualquier escándalo. Por ejemplo "Pearly-gate" se refiere al derrumbe de algún lider religioso distinguido. Mientras que "Whitewater-gate" ha sido usado para referirse a las inversiones dudosas del presidente Clinton. Nota que dichas palabras contienen guiónes.

Para Parlantes Cuya Lengua Nativa no es el Inglés

El aprendizaje de vocabulario en inglés en edad adulta presenta dos grandes dificultades. La primera es las expresiones idiomáticas o modismos. *Idioms* son expresiones en un lenguaje que no se ajustan estrictamente a las reglas gramaticales, pero que son ententidas por aquellos quienes hablan la lengua. Por ejemplo, "I am on the phone" no significa que alguien está sentado en el audicular, pero si que alguien está utilizando el teléfono.

Nuevas expresiones en el lenguaje son frecuentemente modismos. *Spin doctors* es un buen ejemplo de un modismo. Esto no tiene nada que ver con *spinning* o *doctors*. Esto significa que los consejeros tratan de examinar el discurso de sus aspirantes poniendo una interpretación o evaluación favorable (or *"spin"*) sobre lo que el o ella dijo. *"Spin"* en esta conexión se refiere al hecho de dirigir una pelota en cierta dirección para producir una estocada o una fuerza de propulsión particular.

La segunda dificultad se presenta cuando nos damos cuenta que las palabras tienen tanto una denotación doble, es decir, tienen dos significados, tal y como aparecería en el diccionario, como una connotación, es decir, un significado que está asociado con la manera en que las palabras están usadas en un contexto en particular. Una manera fácil de pensar en connotaciones es como si se imaginará que las palabras tienen sabores. Mientras algunas palabras tienen asociaciones placenteras, otras tienen una connotación menos placentera. Por ejemplo, palabras asociadas con la idea de ser delgado, mientras *slim, lithe* o *slender* tienen connotaciones placenteras *skinny, scrawny,* o *skeletal* no lo tienen, aún cuando se refieran al mismo concepto de estar *thin*. Los sabores diferentes de las palabras le dan diferente significado a las oraciones.

De esta manera, la palabra *yuppie* contiene un significado que va más allá de sus siglas—young adults working in white collar jobs in a city—ahora es asociada con un estilo de vida interesado en ganar dinero y poder comprar productos de consumo innecesarios. Es así como esta connotación poco placentera difiere de la que hayarías en el diccionario.

Por esta razón, aquellos para quienes el inglés no es su lengua nativa es importante que hablen y practiquen estas interpretaciones y nuevos significados que algunas palabras presentan con personas nativas, para quienes el inglés es su primera lengua. En estos casos, el diccionario generalmente es de menos ayuda de lo que parece.

Ortografía Derivado de Vocabulario Alusivo y Convertido en Nuevo y Emergente

Los nuevos términos, en muchos de los casos, son simplemente fáciles de escribir si tu recuerdas la ortografía de los componenetes individuales de la palabra. Por ejemplo, la palabra mezclada *stagflation* la cual se refiere a los precios altos en una economía lenta y fue tomada de las palabras *stagnant* y *inflation.* Sabiendo la ortografía y el significado de estas dos palabras, te será más fácil saber la ortografía del nuevo término.

Aquí hay algunos consejos ortográficos que puedes usar con nuevas palabras:

- Busca palabras compuestas: sunbelt, rustbelt, rainmaker, downsizing, meltdown, headhunter.
- Busca prefijos familiares: *dis*incentive, *co*-parenting, *bio*sphere, *pre*quel.
- Divide palabras en sílabas: gen-tri-fi-ca-tion, sur-ro-gate.

Ejercicios con los Nuevos Términos

Evalua tus estrategias con algunas palabras y frases nuevas enlistadas abajo. Iguala las definiciones de las palabras de la primera columna en las de la segunda columna. Las respuestas están al final de la lección.

_____ **1.** surrogate mothers
_____ **2.** headhunter
_____ **3.** palimony
_____ **4.** rustbelt
_____ **5.** upscale
_____ **6.** prequel
_____ **7.** disincentives
_____ **8.** Generation X
_____ **9.** cash cow
_____ **10.** downsizing

a. reasons not to take a particular course of action
b. a story that tells what happened before another story
c. an area characterized by abandoned factories and heavy industries
d. mothers who bear children for other women
e. high-priced goods and services, or the people who use them
f. money to support a partner in an unmarried relationship after the relationship is over
g. a business or investment made to yield immediate profit
h. an employment agency
i. firing employees in an effort to save money
j. people in their 20s

Como Aprender Términos Nuevos

Por el hecho de que el lenguaje en inglés está continuamente agregando términos y frases nuevas, aprender este nuevo vocabulario es un proceso que realizarás a lo largo de tu vida. Aquí hay algunas estrategias generales para aprender este vocabulario emergente:

- Se sensible al lenguaje que tu escuchas a tu alrededor. Cuando tu escuches o leas las noticias, escribe las palabras y las frases desconocidas.
- Usa lo que ya sabes para figurarte el significado de los nuevos términos. Muchos *neologisms* o *new words and expression* tienen significados muy obvios, porque fueron creados por necesidades específicas.

Práctica

Completa el ejercicio 1 y 2 y compara tus respuestas al final de esta lección. Si tu resultado es menos del 80 por ciento en cualquiera de los ejercicios, realiza el ejercicio 3 para práctica adicional.

EJERCICIO 1

Del banco de palabras en listado abajo, selecciona el término que mas se ajuste a los siguientes párrafos.

Word Bank

cryogenics	human resources
disincentives	Peter Principle
downsizing	policy wonk
fast track	spin doctors
global warming	tabloid television
greenhouse effect	worst case scenario

1. The study of the physics of very low temperatures and their effects on the body is called ___________.

2. An executive would be alarmed to learn that the ___________ is actually about to happen.

3. We don't like to say we are firing people; we prefer to say we are ___________ our staff.

4. When someone rises in his company until he reaches the level of his own incompetence, we say he is an example of the ___________.

5. After a politician speaks out on an issue, the ___________ come on the air to put the most favorable interpretation on his remarks.

6. When we look for a job we inquire at the ___________ department, once called "personnel."

7. If you want to hear about the seamy side of life, you can find all you want on ___________, which specializes in sensational stories.

8. If you are headed for rapid promotion and quick success, you are on the ___________.

9. Scientists warn that increased carbon dioxide emissions will create a ___________, which could raise temperatures worldwide and result in ___________.

10. An expert or advisor to politicians regarding issues of public concern is sometimes called a ___________.

Resultado del ejercicio 1: _____ (en base a 11)

EJERCICIO 2

Selecciona la palabra compuesta o los nombres de productos de marcas que más se ajusten a las siguientes oraciones.

11. If I wanted to photocopy something, I would __________ it.

12. If I wanted to watch an amusing program with a continuing story line, I would watch my favorite __________.

13. A program on television that featured new cosmetics might be an __________.

14. If the air in my town is polluted, I can look out my window and see a haze of __________.

15. If I wanted a late-morning meal, I might have __________.

16. If I wanted to wrap a package, I would need __________ to secure the paper.

17. If I want to make a film of my child's birthday party, I could use a __________.

18. If I want to watch a concert on television and listen to it on the radio at the same time, it needs to be __________.

19. If I want to serve a molded dessert, I would probably use __________.

20. People sometimes scatter the ashes or __________ of a loved one in a special place.

Resultado del ejercicio 2: _____

EJERCICIO 3

Determina como falsas o verdaderas las siguientes oraciones, de acuerdo al significado de las palabras subrayadas.

______ **21.** Hip-hop is a contemporary music style.

______ **22.** A docudrama is an imaginative look at a real situation.

______ **23.** A child would use crayolas to catch fish.

______ **24.** A person who goes ballistic is calm and assured.

______ **25.** The process by which people make connections for the purpose of doing business is called networking.

______ **26.** In-vitro fertilization takes place outside the mother's body.

______ **27.** Lots of people retire to the sunbelt.

______ **28.** An exact genetic duplication is a biosphere.

______ **29.** Spa cuisine includes menus for dieters.

______ **30.** When a company hires an outside party to provide certain materials or services, that company is outsourcing.

Resultado del ejercicio 3: _____

Ejercicio Final

Escoge 10 palabras de esta lección que necesites recordar cómo se escriben. Escribe 5 de ellas en los espacios de abajo y las demás mantenlas en tus tarjetas de trabajo.

____

____

____

____

____

Técnicas Adquiridas

De un periódico o revista lee un artículo de ciencia. Cuando los escritores usan palabras de un vocabulario nuevo, ellos generalmente definen su significado. Agrega cualquier palabra desconocida en tu lista de vocabulario y cerciórate de tener su definición. (Cerciórate de tener un diccionario actualizado.)

Haz lo mismo en un artículo de negocios o política. Como sucede en este libro. Tal vez no encontrarás definiciones exactas de palabras desconocidas, pero si pistas de contraste, ejemplo o reafirmación para figurarte su significado.

RESPUESTAS

EJERCICIO DE TÉRMINOS NUEVOS

1. d
2. h
3. f
4. c
5. e
6. b
7. a
8. j
9. g
10. i

EJERCICIO 1

1. cryogenics
2. worst case scenario
3. downsizing
4. Peter Principle
5. spin doctors
6. human resources
7. tabloid television
8. fast track
9. greenhouse effect, global warming
10. policy wonk

EJERCICIO 2

11. xerox
12. sitcom
13. infomercial
14. smog
15. brunch
16. scotch tape
17. camcorder
18. simulcast
19. jello
20. cremains

EJERCICIO 3

21. true
22. true
23. false
24. false
25. true
26. true
27. true
28. false
29. true
30. true

L · E · C · C · I · Ó · N 20

REVISIÓN DE VOCABULARIO Y ORTOGRAFÍA

SUMARIO DE LA LECCIÓN

Esta lección completa tu estudio poniendo juntos el vocabulario y la ortografía de palabras. Te enseña como usar las habilidades ortográficas que aprendiste de las lecciones 1–10. También contiene una lista de los errores ortográficos más tradicionales y te enseña como superarlos. Finalmente te enseña como no incurrir en los 10 errores ortográficos y de uso de palabras más frecuentes al escribir.

Si tu has empleado 20 minutos diarios en cada una de las lecciones, seguramente has empleado alrededor de un mes para completar este libro. A estas alturas, las páginas deberán estar muy bien marcadas. Esta sección final ponen juntas las secciones de vocabulario y ortografía para evaluar cuánto has aprendido.

Ortografía de tu Vocabulario

En seguida hay una serie de estrategias ortográficas que tu estudiaste en las lecciones comprendidas entre la 11 y la 19 con ejemplos de palabras usadas en las lecciones 1–10.

COMBINACIONES DE VOCALES

¿Recuerdas las vocals combinadas que estudiaste en la lección 12? Aquí están algunas palabras que siguen y son la excepción a las reglas que se aplican en ellas.

- **Villain** sigue la regla de la *ai—ai* suena como *uh.*
- **Naive** no sigue la regla de la *ai.* Su sonido es el mismo del emitido en francés, del cual es derivado y que tiene dos sílabas: nah-EEVE. **Malaise** por otro lado *ai* suena como una *a* larga.
- **Depreciation, agrarian, jovial,** y **draconian** siguen la regla de la *ia,* las dos letras están pronunciadas separadamente.
- **Revenue** tiene un sonido de *oo* al final señalada por la *e* muda del final.
- **Fluctuate** es un ejemplo de una palabra que tiene que parecer como la combinación de vocales, pero no lo es. Pero el sonido de la *u* y la *a* están emitidos en sílabas separadas: *FLUC-tyoo-ate.*

CONSONANTES SILENCIOSAS

Aquí están algunas de las palabras que aprendiste y que tienen consonantes mudas.

- **Malign** tiene una *g* muda. Una buena manera de recordar esto, es pensar en la forma de su sustantivo, *malignancy.* Tu escuchas la *g* duro en malignancy, lo cual te ayudará a recordarlo.
- **Debut, faux pas, précis, coup d'etat, potpourri** todas tienen consonants silenciosas al final de la sílaba. Estas palabras provienen del francés y conservan su pronunciación original. No existe una regla específica para la pronunciación de palabras provinientes de otros lenguajes; sólo te queda hallar estrategias para recordarlas.

PALABRAS CON *C* Y *G*

La *c* y la *g* tienen un sonido suave, cuando están seguidas por una *e, i,* o *y:* la *c* suena como una *s* y la *g* suena como una *j.* Aquí hay algunos ejemplos:

cynical	precedent
genocide	précis
gerrymander	secession
incisive	tangential

Por otro lado, la *c* y la *g* tiene sonidos fuertes, cuando son seguidas por otras letras: *c* suena como *k* y la *g* suena como la *g* en gas. Ejemplos de estos son *prosecution* y *jargon.* Procedentes de las lecciones de vocabulario.

PALABRAS QUE FINALIZAN CON *Y*

Algunas de las palabras del vocabulario de este libro que finalizan con *y* son las siguientes:

accessory	equity
amnesty	fidelity
antipathy	inventory
apathy	parity
controversy	philanthropy
currency	subsidy

Todas estas palabras son sustantivos. Un verbo que termina en *y* es *rectify.*

Cuando tu quieres los plurales de estas palabras, cambia la *y* por la *i* y agrega *-es.* Escoge cuatro de las palabras en listadas anteriormente y escribe sus plurales a continuación.

____

____

PALABRAS CON FINALES SIGNIFICATIVOS

Cuando tu sabes la ortografía de las partes de las palabras—raíces, prefijos o sufijos—tu puedes generalmente deletrear la palabra completa, ya que esos elementos cambian dificilmente cuando se les ponen juntos. La lista de abajo muestra palabras del vocabulario que usan los sufijos que tu has estudiado.

-able	biodegrad**able**, laud**able**
-al	fisc**al**, jovi**al**, nomin**al**
-ant/-ance/-ent	exorbit**ant**, remitt**ance**, antecedent, incumb**ent**, malevo**lent**
-ic	crypt**ic**, erot**ic**, forens**ic**, narcissist**ic**, quixot**ic**, sto**ic**, titan**ic**
-less	relent**less**
-ment	impedi**ment**, defer**ment**, entitle**ment**, harass**ment**
-ous	conspicu**ous**, copi**ous**, gregari**ous**, tenaci**ous**
-tion	arbitra**tion**, deposi**tion**, deprecia**tion**, discrimina**tion**, muta**tion**, prosecu**tion**

PALABRAS COMPUESTAS Y PALABRAS CON GUIÓNES

Aquí hay algunos términos de palabras compuestas o con guiónes que tu has aprendido:

downsizing	upscale
headhunter	voicemail
network	e-mail
software	on-line
spreadsheet	

DELETREANDO ERRORES COMUNES

El deletrear los errores más comunes en escritura nos tiene plagados desde nuestros tiempos en escuela primaria. Algunas son palabras que no se adaptan a ninguna de las reglas gramaticales u ortográficas, por lo tanto sólo nos queda aprenderlas de vista. Algunas son simplementente difíciles de aprender.

Abajo se encuentran doce palabras que tu aprendiste en este libro y que son probablemente muy comunes, pero difíciles de escribir:

accessory	deferment
belligerent	entrepreneur
beneficiary	harassment
bourgeoise	mediocre
ceiling	repertoire
cynical	thorough

Escoge cuatro de estas palabras o de aquellas que te sean difíciles de escribir y escribelas en las siguientes líneas. Después ponlas en tarjetas de trabajo remarcadas con un color especial que te indique poner una atención especial, debido a su grado de dificultad.

____

____

Existen muchas más palabras difíciles de escribir y recordar. El Apéndice B de este libro te muestra algunas de ellas. Sigue las sugerencias de estudio en dicho capítulo. Practícalas con un compañero hasta que llegue a ser parte de tu segunda naturaleza.

Errores de Uso y Ortografía más Comúnes

Enlistados a continuación, se encuentran 10 de las prohibiciones para los más frecuentes errores en escritura. Los errores en estas palabras son muy comunes y continuan siendo un dolor de cabeza. Teniendo control de estas diez prohibiciones, tu escritura nunca volverá a ser obscurecida por dichos errores.

LAS DIEZ PROHIBICIONES MÁS IMPORTANTES EN ESCRITURA

1. **No confundas *its* and *it's.***

   Its es un pronombre posesivo: A dog knows its owner.

   It's es una contracción para *it is:* It's going to rain.

2. **No confundas *their, there,* y *they're.***

   Their es un pronombre posesivo: They went to their homes.

   There es un adverbio de lugar: Sit down over there.

   They're es una contracción para *they are:* They're going home soon.

3. **No confundas *two, too,* y *to.***

   Two es un número: She has two college degrees.

   Too significa *también:* She had a new car, too.

   To es una preposición: She wanted to go home earlier.

4. **No escribas *try and, be sure and, come and.***

   Estas frases tienen lugar en *to:* Try to understand my point of view and be sure to explain it to your friend. Then come to see me.

5. **No escribas *should of, could of, must of, would of.***

   Las formas correctas son *should have, could have, must have, would have:* I could have gone to the movies. I should have brought a handkerchief.

6. **No escribas *suppose to* or *use to.***

   Las formas correctas son *supposed to* y *used to*: I was supposed to go to college but I couldn't get used to being away from home.

7. **Don't confuse *differ from* and *differ with.***

   Differ from significa *unlike:* Her tests differ from everyone else's exams.

   Differ with significa *disagree:* I differ with him on the issue of capital punishment.

8. **No confundas *amount* con *number, less* and *fewer.***

   Usa *amount* con palabras que estén en singular: There was a large amount of cash missing from the drawer.

   Usa *number* con palabras que estén en plural: There is a large number of ten dollar bills missing from her wallet.

   Usa *less* con palabras que estén en singular: He has less money than he had last week.

   Usa *fewer* con plalabras que estén en plural: He has fewer ways of spending his money.

9. **No confundas *compare with* y *compare to.***

   Compare with significa ver las similitudes entre dos cosas: She never wanted to compare her daughter *with* her son.

Compare to significa representar como si fuera alguien parecido a otra persona: As a singer he was being compared *to* Elvis Presley.

10. **Nunca uses la palabra *orientate.*** No existe. La palabra que quizás tu necesites es *orient:* I wanted to orient myself in my new job before I moved to a new apartment.

Ortografía Imprescindible

Para llenar aplicaciones y otra documentación de importancia, tu debes saber como escribir correctamente todas las palabras y frases que son importantes. Especialmente en aplicaciones y en tu curriculum vitae, donde tu das tu primera impresión como un empleado en potencia, por lo que desearás que tus palabras estén bien presentadas.

Por ningún motivo llenes formas sin saber la escritura correcta de:

- Las calles de tu dirección. Por el hecho de que también puedes ser cuestionado por tus direcciones pasadas, en los cinco años pasados, tu debes saber y ser capaz de escribirlas correctamente.
- Los nombres y posiciones de personas que tu has referido.
- Las compañias con las que has trabajado.
- Grados y certificaciones que tu tienes.
- Posiciones y títulos de los trabajos que has desempeñado.
- La información básica que la aplicación pueda requerir. A continuación hay algunos términos que son usados comunmente en aplicaciones y otros cuestionarios que se aplican para obtener trabajo.

applicant	maintenance
available	part-time
benefits	personnel
cashier	promotion
certificate	references
clerical	retail
diploma	superintendent
full-time	wholesale

Práctica

Completa el ejercicio 1 y 2 y compara tus respuestas al final de esta lección. Si tu resultado es menos del 80 por ciento en cualquiera de los ejercicios, realiza el ejercicio 3 para práctica adicional.

EJERCICIO 1

Marca con un círculo la palabra escrita correctamente en las siguientes palabras.

1. a. coppious
b. copius
c. copious
d. copeous

2. a. depresheashun
b. deprecation
c. deppreciation
d. depreciation

3. a. exorbitant
b. ex-orbitant
c. exourbitant
d. exorbitent

4. a. entitlment
b. entitelment
c. entitlement
d. entitalment

5. a. narcissitik
b. narcisistic
c. narcississtic
d. narcissistic

6. a. laudeble
b. laudible
c. laudable
d. laudebel

7. a. anmesty
b. amnesty
c. amnisty
d. anmusty

8. a. currensy
b. currincy
c. curency
d. currency

9. a. controversy
b. controversie
c. contraversy
d. contriversy

10. a. parety
b. parity
c. paratie
d. parrity

Resultado del ejercicio 1: _____

EJERCICIO 2

Selecciona la palabra o la frase correcta en las siguientes oraciones:

11. (Its/It's) not going to be easy to go back to work.

12. They went to the bank to take (there/their they're) money out of the money market account.

13. We (should of/should have) gone to Florida for the winter.

14. It takes time to get (orientated/oriented) to a new neighborhood.

15. You should (try and/try to) get some rest before the trip.

16. Don't be (to/too/two) upset over the baseball standings.

17. She had saved a large (number/amount) of antique dolls from her mother's collection.

18. She was (supposed to/suppose to) get a promotion in her job, but it fell through.

19. She (differed with/differed from) her sister with regard to gun control.

20. Her craftsmanship was (compared to/compared with) that of the Williamsburg artists.

Resultado del ejercicio 2: _____

EJERCICIO 3

Descifra las siguientes palabras subrayadas. Todas ellas aparecen en esta lección.

21. calfis __________

22. diancrona __________

23. patithnay __________

24. lompida __________

25. vijola __________

26. teroci __________

27. tenkrow __________

28. sonperlen __________

29. venmalotel __________

30. sicrofen __________

Resultado del ejercicio 3: _____

Ejercicio Final

¡Felicidades! Tu casi has terminado este libro y si has seguido nuestros consejos referentes a tu lista de palabras, a estas alturas tendrás 100 o más palabras escritas correctamente en tu vocabulario. Ahora te encuentras mejor preparado que antes de haber empezado a estudiar este libro, lo cual te ayudará a realizar exitosamente tus objetivos, sean éstos escribir un memorándum, expresar tus ideas claramente en una junta de trabajo o llenando una aplicación de trabajo.

No te pares ahora. El siguiente capítulo te aconsejará paso a paso como prepararte para realizar una prueba estandarizada, la cual tu necesitas pasar para conseguir ese gran trabajo que deseas.

Aprender vocabulario y ortografía es un proceso de vida largo. Ve los apéndices para consejos adicionales y fuentes de información para mejorar tu poder sobre las palabras.

Técnicas Adquiridas

Escribe brevemente unas oraciones memorables que eviten incurrir en la lista de los 10 errores más comunes en escritura. Por ejemplo: Don't ever *compare* me *to* an alien. *Compare* me *with* Einstein instead.

Revisa tu lista de vocabulario. ¿Qué palabras has olvidado? Usalas en oraciones y revisa su ortografía. Trata de usarlas en tus conversaciones o escritura esta semana.

Respuestas

Ejercicio 1

1. c
2. d
3. a
4. c
5. d
6. c
7. b
8. d
9. a
10. b

Ejercicio 2

11. It's
12. their
13. should have
14. oriented
15. try to
16. too
17. number
18. supposed to
19. differed with
20. compared to

Ejercicio 3

21. fiscal
22. draconian
23. antipathy
24. diploma
25. jovial
26. erotic
27. network
28. personnel
29. malevolent
30. forensic

EVALUACIÓN FINAL DE VOCABULARIO Y ORTOGRAFÍA

Ahora que has dedicado un buen tiempo para mejorar tus habilidades ortográficas y de escritura, elabora esta prueba final para evaluar que tanto has aprendido. Si al principio del libro realizaste la pre-evaluación, podrás comparar lo que sabías con lo que has aprendido.

Al finalizar esta evaluación, calificate tu mismo y comparar tus resultados de tu evaluación al principio con ésta final. Si tu resultado final es mejor que el primero, felicidades, tu has mejorado notablemente graciás a tu esfuerzo. Si tu resultado sólo muestra una pequeña mejoría, quizás hay algunos capitulos que necesites revisar. ¿Identificas algún tipo de preguntas en las que has fallado recurrentemente? No obstante tu resultado en esta prueba final, manten este libro cerca de ti, para revisar y consultar la ortografía o definición de alguna palabra cuando lo necesites.

Existe una hoja de respuestas en la siguiente página, que puedes utilizar para contestar las preguntas. También puedes poner en un círculo el número de la respuesta correcta, si así lo prefieres. Si el libro no te pertenece, en una hoja en blanco escribe del uno al cincuenta para apuntar tus respuestas. Utiliza el tiempo necesario para elaborar esta prueba. Cuando la finalices, compara tus respuestas con la hoja de respuestas correctas ubicada al final de esta prueba. En cada respuesta está especificada la lección que aborda la pregunta en questión.

LearningExpress Vocabulary & Spelling Answer Sheet

#					#					#				
1.	a	b	c	d	21.	a	b	c	d	41.	a	b	c	d
2.	a	b	c	d	22.	a	b	c	d	42.	a	b	c	d
3.	a	b	c	d	23.	a	b	c	d	43.	a	b	c	d
4.	a	b	c	d	24.	a	b	c	d	44.	a	b	c	d
5.	a	b	c	d	25.	a	b	c	d	45.	a	b	c	d
6.	a	b	c	d	26.	a	b	c	d	46.	a	b	c	d
7.	a	b	c	d	27.	a	b	c	d	47.	a	b	c	d
8.	a	b	c	d	28.	a	b	c	d	48.	a	b	c	d
9.	a	b	c	d	29.	a	b	c	d	49.	a	b	c	d
10.	a	b	c	d	30.	a	b	c	d	50.	a	b	c	d
11.	a	b	c	d	31.	a	b	c	d					
12.	a	b	c	d	32.	a	b	c	d					
13.	a	b	c	d	33.	a	b	c	d					
14.	a	b	c	d	34.	a	b	c	d					
15.	a	b	c	d	35.	a	b	c	d					
16.	a	b	c	d	36.	a	b	c	d					
17.	a	b	c	d	37.	a	b	c	d					
18.	a	b	c	d	38.	a	b	c	d					
19.	a	b	c	d	39.	a	b	c	d					
20.	a	b	c	d	40.	a	b	c	d					

EVALUACIÓN FINAL

Selecciona la palabra correcta para cada oración.

1. The U.S. diplomat argued that China should grant __________ to all of its political prisoners.
a. amnesty
b. synthesis
c. continuity
d. precedence

2. The firm's interest-bearing deposits have __________ between one and two percentage points over the last five years.
a. valorized
b. fluctuated
c. demoted
d. actualized

3. I thought platform shoes were __________, but now I see they're back in style.
a. naive
b. maudlin
c. tangential
d. passé

4. Larry was born in Kentucky and has been a(n) __________ of horse racing his entire life.
a. progenitor
b. saboteur
c. pariah
d. aficionado

5. After failing his senior year in high school, Sam knew that his intention to complete college was, at best, __________.
a. enfeebling
b. quixotic
c. nepotistic
d. didactic

Selecciona el significado que más se asimile a las siguientes palabras.

6. belligerent
a. warlike
b. flighty
c. easily tired
d. beautiful

7. retrospect
a. analytic
b. careful
c. hindsight
d. a magnifying instrument

8. subsidy
a. the punishment of a criminal offense
b. the aftermath of a storm
c. money given in support of a cause or industry
d. a vote directly by the people

9. cryptic
a. mysterious
b. evil
c. a spy code
d. a tomb

10. cybernetics
- a. religions involving the practice of meditation
- b. the study of computers
- c. radar technology
- d. the application of freezing temperatures to matter

Selecciona el significado que describa lo contrario en las siguientes palabras.

11. credence
- a. punishment
- b. disbelief
- c. praise
- d. success

12. blasé
- a. enthusiastic
- b. orderly
- c. very unkind
- d. extremely cheerful

13. conspicuous
- a. sexually inactive
- b. even-tempered
- c. unbelievable
- d. hidden

14. euphemism
- a. a depression in mood brought on by drugs
- b. an action that is typically masculine
- c. a negative term for something normally considered positive
- d. disagreement over a course of action

15. ersatz
- a. pious
- b. beautiful
- c. accepting
- d. genuine

Escoge la palabra que más se acerque a la definición.

16. the buying and selling of stocks to make a quick profit
- a. nepotism
- b. recidivism
- c. arbitrage
- d. propinquity

17. coercion or undue pressure
- a. mutation
- b. harassment
- c. bigotry
- d. vilification

18. an international business association
- a. enclave
- b. coup d'etat
- c. cartel
- d. proletariat

19. plentiful
- a. copious
- b. puerile
- c. titanic
- d. grandiloquent

20. a nonconformist
- a. narcissist
- b. cash cow
- c. arbiter
- d. maverick

Escoge la palabra alternativa que más se acerque a la palabra subrayada.

21. Harrison's job was to maintain the camp's <u>data-base</u>.
a. enrollment
b. scholarship program
c. stored information
d. headquarters

22. The candidate for the position knew the <u>jargon</u> and had a pleasant demeanor.
a. scientific specialty
b. public policy issues
c. language particular to the field
d. behavior code

23. The child had a <u>stoic</u> attitude toward school.
a. tainted
b. uncomplaining
c. angry
d. self-defeating

24. The President argued that the trade practices of the outer islands needed to be <u>rectified</u>.
a. delayed
b. revealed
c. negotiated
d. corrected

25. The only way to lessen the strife between the majority and ethnic minorities is through <u>assimilation</u>.
a. fitting in
b. due legal process
c. affirmative action
d. forgetting the past

Encuentra la palabra escrita incorrectamente.

26. The only coherant argument offered an undesirable alternative.
a. coherant
b. argument
c. offered
d. undesirable

27. The report was abundantly thorough, but committed some grevious statistical errors.
a. abundantly
b. thorough
c. committed
d. grevious

28. The new, peaceable attitude between the nations came about as the result of trade embargos, not very subtle disincentives.
a. peaceable
b. embargos
c. subtle
d. disincentives

29. The sophomore debate, although it more resembled a sitcom, was similcast over university radio and television channels.
a. sophomore
b. sitcom
c. similcast
d. channels

30. One of the most prominent indicators of the political status of children's health issues is attendance at Unicef conferences.
a. prominent
b. status
c. attendance
d. Unicef

Encuentra la palabra escrita correctamente.

31. a. iregular
b. accessible
c. acrual
d. priviledge

32. a. beverege
b. miniture
c. inheritance
d. dismisal

33. a. skein
b. surveilance
c. imagineable
d. controled

34. a. traficking
b. loaves
c. rail-road
d. choclate

35. a. reenactment
b. un-American
c. liftoff
d. play-pen

Encuentra la palabra correcta y escríbela sobre la línea en las siguientes oraciones.

36. John didn't take the whole course of his __________ and became ill again.
a. antebiotic
b. ante-biotic
c. anti-biotic
d. antibiotic

37. That television show was interrupted every fifteen minutes by __________.
a. informertials
b. infomercials
c. info-mercials
d. infomertials

38. In order to find out if there was a tumor, the doctor ordered a __________.
a. CATSCAN
b. cat-scan
c. Cat scan
d. Cat Scan

39. The teacher questioned the __________ of Jan's behavior.
a. apropriateness
b. apropriatness
c. appropriatness
d. appropriateness

40. If Matt had listened to his __________ he wouldn't be feeling guilty today.
a. conscience
b. conscious
c. concsience
d. consciense

Encuentra la palabra escrita correctamente.

41. a. hygiene
b. hygene
c. hygien
d. hygeine

42. a. acidentally
b. accidentaly
c. accidentally
d. acidentaly

43. a. giraffe
b. girraffe
c. girraff
d. giraff

44. a. colaboration
b. collaborration
c. colaberration
d. collaboration

45. a. pseudonym
b. pseudonymn
c. psuedonym
d. psuedonymn

Encuentra la oración en la cual la palabra subrayada esté escrita correctamente.

46. a. In the old days, men would sometimes dual to save their honor.
b. The committee has a duel purpose, one functional and one merely political.
c. If you wish to effect the judge's decision, then you'll need to speak your mind.
d. Jan's performance affected her audience deeply.

47. a. Kathy's two children were born in 1993 and 1996.
b. The horses feed bunk is built too close to the ground.
c. Carls' job ends during the spring of next year.
d. Bens major is finance.

Encuentra la palabra escrita incorrectamente.

48. a. palimony
b. chagrinned
c. weird
d. rhetorical

49. a. cremains
b. symmetrical
c. vetoes
d. lonelyness

50. a. aleviate
b. achieving
c. dictionary
d. pre-empt

RESPUESTAS CORRECTAS

Si tu fallaste algunas respuestas, la lección enlistada en seguida de cada respuesta te ayudará a revisar tus errores.

1. a. Lección 2
2. b. Lección 3
3. d. Lección 1
4. d. Lección 7
5. b. Lección 8
6. a. Lección 3
7. c. Lección 5
8. c. Lección 2
9. a. Lección 6
10. b. Lección 10
11. b. Lección 4
12. a. Lección 1
13. d. Lección 4
14. c. Lección 5
15. d. Lección 7
16. c. Lección 9
17. b. Lección 9
18. c. Lección 2
19. a. Lección 6
20. d. Lección 8
21. c. Lección 10
22. c. Lección 9
23. b. Lección 8
24. d. Lección 6
25. a. Lección 4
26. a. Lección 16
27. d. Lección 14
28. b. Lección 15
29. c. Lección 19
30. d. Lección 18
31. b. Lección 16
32. c. Lección 16
33. a. Lección 11
34. b. Lección 15
35. b. Lección 17
36. d. Lección 17
37. b. Lección 19
38. c. Lección 18
39. d. Lección 14
40. a. Lección 11
41. a. Lección 11
42. c. Lección 12
43. a. Lección 13
44. d. Lección 17
45. a. Lección 13
46. d. Lección 12
47. a. Lección 18
48. b. Lección 13
49. d. Lección 14
50. a. Lección 12

A·P·E·N·D·I·C·E

COMO PREPARARTE PARA UNA EVALUACIÓN ESTANDAR

Una prueba estandarizada no es algo que tengas que temer. Muchas personas se preocupan al oír acerca de pruebas, pero no hay una cosa mejor que canalizar esa energía nerviosa en una actitud positiva que te ayude a maximizar tus habilidades para las pruebas, más que inhibirlas. Las siguientes páginas te dan consejos valiosos para combatir la ansiedad que provoca el encontrarte con preguntas difíciles que, en algunas personas, llega a bloquear o les pone la mente en blanco. También encontrarás consejos para evitar errores en determinadas situaciones y aprovechar tu tiempo de manera inteligente. Finalmente encontrarás un plan que te preparará para la prueba; otro para el día de la evaluación y una sugerencia para cuando hayas finalizado tu prueba.

Combatiendo la Ansiedad de la Prueba

La mejor defensa para combatir la ansiedad que produce una prueba es saber lo que abordará y prepararte para ello. Práctica y preparación son las claves para no sucumbir a este temor y permitirte hacer tu mejor esfuerzo en la prueba.

Sin embargo, ni aún el más brillante o el más preparado aspirante deja de sentir de vez en cuando cierto miedo al ser evaluado. Pero no te preocupes, tu lo puedes superar.

RESUELVE UNA PREGUNTA A LA VEZ

Pon toda tu atención sólo en la pregunta que estás contestando. Bloquea cualquier pensamiento o preocupación procedentes de otras preguntas que ya hayas visto o vengan a continuación. Concentrate sólo en la pregunta que estés respondiendo y da lo mejor de ti.

DESARROLLA UNA ACTITUD POSITIVA

Recuerdate a ti mismo que tu estás preparado. El hecho de que tu has leído este libro significa que estás mejor preparado que otros sin ninguna preparación y quienes van a presentar el examen. Recuerda, es sólo una prueba y tu vas a ser tu mejor esfuerzo. Eso es todo lo que alguien te puede pedir. Si una voz persistente como taladro te comanda con mensajes negativos, combátela con mensajes positivos como los siguientes.

- "Lo estoy haciéndo bien."
- "Me he preparado para esta prueba."
- "Yo se exactamente que hacer."
- "Yo se que puedo alcanzar el resultado que me he propuesto."

Tu tienes la idea. Sólo recuerda que tienes que desechar mensajes negativos con tus propios mensajes positivos.

SI TU PIERDES TU CONCENTRACIÓN

No te preocupes, es normal. A todo mundo le pasa en pruebas largas. Cuando tu mente está estresada o sobreesforzada, lo quieras o no, pierde la concentración para darse un descanso y volver a trabajar correctamente. Cuando esto pase, sólo date cuenta de ello y permite a tu cerebro descansar unos segundos para despejarse un poco y reenfocar tu atención en la prueba.

Suelta tu pluma y cierra los ojos. Respira profundo y escucha tu respiración. Tu mente necesitará como diez segundos para volverse a concentrar sin problemas.

Prueba esta técnica muchas veces cuando te sientas estresado en los días previos a la prueba. Con más frecuencia lo practiques, más preparado estarás para afrontarlo el día del examen.

SI TU TE BLOQUEAS ANTES O DURANTE LA EVALUACIÓN

No te preocupes de una pregunta que te haga dudar de tu respuesta. Márcala, ponla fuera de tu mente por un momento, para que puedas continuar con la siguiente. Mientras tu subconciente trabaja en ella, pon todo tu conciente en las preguntas que vienen; por supuesto, una a la vez. Para cuando regreses a ella, tu mente estará más despejada para contestarla.

Si tu te bloqueas sin aún haber empezado el test, haz lo siguiente.

1. Toma poco tiempo para darle un vistazo a la prueba.
2. Lee algunas de las preguntas.
3. Decide cuáles son las mas fáciles y empieza con esas.
4. Sin esperar mucho, ya estarás en acción.

TIEMPO DE ESTRATEGIAS

La mejor estrategia al realizar tu test es planificar la manera en que emplearás el tiempo que tienes para terminarlo. Antes de empezar, toma unos segundos para inspeccionar la prueba, apunta el número de preguntas y de secciones e identifica cuáles de ellas son más fáciles que el resto. Determina a grandes rasgos el tiempo que tienes para cada pregunta o sección, para que cuando te acerques a la mitad del tiempo que tienes para finalizar la prueba sepas si has también resuelto la mitad de la prueba.

CONTINUA AVANZANDO

Tan pronto como tu empieces la prueba, no te pares. Si por tratar de cometer pocos errores estás trabajando despacio, provocarás que tu mente empiece a vagar y a aburrirse. Si no te concentras acabarás haciendo más errores.

Tan pronto como estamos hablando acerca de errores, no te pares en preguntas difíciles, sáltatelas, sigue adelante y después regresa a ellas si tienes tiempo. Una pregunta que te toma cinco segundos para contestarla, es tan importante como aquella que te toma muchos minutos. Así que selecciona las más féciles, lo cual, además, te ayudará a sentirte seguro para moverte fluidamente en la prueba. Y quién sabe si durante la prueba algunas preguntas te dirán o conducirán a la respuesta correcta de otras, aún de aquellas que te han hecho dudar.

NO TE APRESURES

Sigue adelante, pero no te apresures. Piensa que tu mente es como una balanza; en un lado tu energía emocional, en el otro, tu energía intelectual. Cuando la primera es alta, la segunda es baja. Recuerda que difícil es tratar de razonar con alguien que está enojado. O viceversa, cuando tu energía intelectual, la emocional es baja. Recuerda la última vez que llegaste tarde al trabajo: toda esa prisa causó que olvidaras cosas importantes como tu desayuno. Sigue adelante para mantener tu mente trabajando, pero no te apresures provocando sentirte saturado.

EVALUATE A TI MISMO

Evaluate a ti mismo a mitad del camino. Si tu has avanzado lo suficiente tendrás tiempo para revisar lo que has hecho. Pero si vas atrazado, puedes proceder de diferentes maneras. Puedes contestar más rápido cada pregunta, sin que esto implique apresurarte o hacerte sentir incómodo. También puedes saltarte a las secciones finales para contestar las preguntas más fáciles. Como sea, esta estrategia tiene una desventaja: tienes el riesgo de marcar tu respuesta en el espacio incorrecto de la hoja de respuestas, ya que no estas siguiendo un orden consecutivo. Así que sólo debes poner mucha atención a esto.

EVITANDO ERRORES

Para cometer los menos errores posibles al realizar tu prueba, en seguida te damos algunas tácticas para que las tengas en mente.

CONTROLATE A TI MISMO

La mejor manera para evitar errores es mantener tu energía intellectual por arriba de tu energía emocional, como lo mencionamos anteriormente en la comparación que hicimos de tu mente con una balanza. Si te sientes preocupado o estresado, para por algunos segundos. Si reconoces dicho sentimiento (Hmmmm! ¡Me siento un poquito presionado aquí!) sólo necesitarás respirar profundo varias veces y mandarte algunos mensajes positivos para liberar esa ansiedad emocional y acelerar tu capacidad intelectual.

INSTRUCCIONES

En este tipo de pruebas, el encargado de vigilar y distribuir las evaluaciones lee las instrucciones en voz alta para estar seguro que todo mundo entiende de que se trata. Si tu no le entiendes, pregunta. Escucha cuidadosamente las instrucciones de como contestar las preguntas y el tiempo que tienes para ello. Escríbelo en tu examen, ya que es de vital importancia.

RESPUESTAS

Pon tus respuestas en el óvalo o en el espacio en blanco correspondiente de la hoja de respuestas. Respuestas correctas en los lugares incorrectos no te darán buenos puntos. Es buena idea revisar el llenado de tus respuestas después de cada cinco o diez preguntas. De esta manera no necesitarás mucho tiempo para corregir tu hoja de respuestas, en el caso de haber hecho algún error.

ESCOGIENDO LAS RESPUESTAS CORRECTAS

Cerciórate de entender lo que cada pregunta está pidiendo. Si no estas seguro de ello, no sabrás si has escogido la respuesta correcta. Si la respuesta no aparece rápidamente, busca alguna pista en la hoja de respuestas. Identifica las similitudes y diferencias entre las opciones que se te dan. Algunas veces esto ayuda a poner la pregunta en una nueva perspectiva más fácil de responder. Si continuas inseguro de tu respuesta, sigue el proceso de eliminación. Primero, elimina aquellas opciones que son evidentemente erróneas. Después analiza el resto. También puedes usar información relevante de otras partes de la prueba. Si tu no puedes eliminar ninguna de las opciones, será mejor que te la saltes y regreses después. Si esto no funciona, en último de los casos, trata de adivinar, para seguir adelante con lo siguiente.

SI TE PENALIZAN POR RESPUESTAS INCORRECTAS

Esto es lo primero que debes saber antes de empezar la prueba; si no, pregúntaselo al encargado de la prueba. Algunas pruebas estandarizadas te reducen de un cuarto a la mitad de un punto por cada respuesta incorrecta sobre tu resultado final. Cualquiera que sea la penalización, si tu puedes eliminar suficientes opciones para hacer que tu probabilidad para asertar la respuesta correcta a las preguntas sea mejor a la penalización por tenerlas incorrectas, trata de adivinar.

Vamos a imaginar que estás contestando un examen, en el cual cada respuesta tiene cuatro opciones y la penalización es de un cuarto de punto por cada respuesta incorrecta. Si no tienes ninguna pista y no puedes eliminar ninguna de las opciones, es mejor que la dejes en blanco porque la probabilidad de contestarla erroneamente es del setenta y cinco por ciento o de contestarla correcta es de una entre cuatro o del veinticinco por ciento. Como sea, si tu puedes eliminar una de las opciones, las probabilidades están ahora a tu favor. Tu tienes uno de tres oportunidades de contestarla correctamente. Afortunadamente, pocos exámenes están evaluados así. Pero si el tuyo es uno de ellos, informate de las penalizaciones y calcula las probabilidades de contestar correctamente via adivinación.

SI TU TERMINAS ANTES DE LO CALCULADO

Usa el tiempo que tienes de más para revisar tu trabajo. Primero, verifica que has colocado tus respuestas en los espacios correcspondientes. Al hacer esto verifica que cada pregunta ha sido contestada sólo una vez. Muchos de los exámenes estandarizados están elaborados de tal manera que si tu contestas una pregunta más de una vez, se te toma como errónea. Si has borrado una respuesta, cerciórate de haber hecho un buen trabajo. Cerciórate de no tener respuestas extraviadas en tu hoja de respuestas, que puedan afectar tu resultado.

Después de haber revisado de no haber cometido estos errores obvios, da un segundo vistazo a las preguntas más difíciles. Probablemente has oído decir de gente inteligente, no cambiar una respuesta. Si tu tienes una buena razón para hacerlo, cambiala.

EL DÍA ANTES DEL EXAMEN

ACTIVIDAD FÍSICA

Haz un poco de ejercicio un día antes del examen. De esta manera proveerás de oxigeno extra a tu cerebro, para que tu mente está su mejor esfuerzo el día de la prueba. La moderación es la clave aquí. De lo contrario, si te sobreesfuerzas te sentirás exhasusto. Por eso, un poco de actividad física le dará vigor a tu cuerpo y mente.

DIETA BALANCEADA

Así como tu cuerpo, tu mente necesita de nutritivos para funcionar correctamente. Come frutas y verdures durante los días previos a la prueba. Los alimentos altos en lecitina como el pescado y los frijoles son buenas opciones. La lecitina es un mineral que tu cerebro necesita para desarrollar tu mejor esfuerzo. Visita la farmacia de tu vecindario semanas previas a tu prueba, para comprar un bote con tabletas de lecitina.

DESCANSO

Duerme suficientes horas por la noche en los días previos a tu prueba. No trabajes demasiado a tal punto que te sientas mareado como si estuvieras sobrecansado. Acuéstate a una hora razonable, de tal manera que duermas las suficientes horas para desempeñar un trabajo satisfactorio. Tu te sentirás relajado y descansado para tu prueba, si has dormido lo suficiente.

CARRERA DE PRUEBA

Antes del día de la prueba, mide el tiempo que te llevará llegar al lugar donde se aplicará la prueba. Andar a las carreras y apresurado en tiempo incrementa tu energía emocional, como tu ansiedad, y detrimenta tu capacidad intellectual, por lo cual date el tiempo necesario. Llegar diez o quince minutos antes de la hora de inicio de la prueba, te dará tiempo para relajarte y enfocar tu atención en la prueba.

DÍA DEL EXAMEN

Finalmente aquí, es el momento de la gran prueba. Programa tu despertador a una hora previa que de tiempo para prepararte y tomar tu desayuno. Evita comer cualquier cosa alta en azúcares, como donas. Cereal, pan tostado y carbohidratos complejos en porciones moderadas son una buena selección. Tu no desearás tomar la prueba sintiéndote que vas a reventar de lo lleno que estás.

Lleva contigo un aperitivo rico en energía que puedas tomar cuando tengas un descanso durante la prueba. Los plátanos o bananas son excelentes, ya que tienen una cantidad moderada de azúcar y nutritivos esenciales para el cerebro, como es el potasio. Muchos encargados de las pruebas no te permitirán comer tu aperitivo mientras realizes la prueba. Sin embargo, una pastilla de menta no será un problema. En adición éstas son como sales aromáticas para tu cerebro. Si tu pierdes tu concentración o sufres de bloqueos mentales momentáneos, una pastilla de menta te pondrá de regreso en tu camino. No te olvides del consejo de relajarte y realizar algunas respiraciones profundas para esos momentos.

Sal temprano de tu casa para tener tiempo suficiente para llegar al centro de prueba. Contempla algunos minutos extras, en caso de que haya tráfico inesperado. Al llegar, ubica los sanitarios y úsalos. Pocas cosas afectan la concentración como una vejiga llena. Después ubica tu asiento y cerciórate que es confortable. Si no lo es, pídele al encargado de la prueba te ubique en un mejor asiento.

¡Ahora relajate y piensa positivamente! Antes de darte cuenta, ya habrás terminado la prueba y sabrás que la realizaste lo mejor que pudiste.

Después del Examen

Dos cosas:

1. Planea una pequeña celebración.
2. Disfrútala.

Si tu tienes algo que esperar con ilusión después de finalizar el examen, tu hallarás que tu preparación puede ser mejor. Avanza durante la prueba y ¡Buena suerte!

A · P · E · N · D · I · C · E

PARA ESTUDIO ADICIONAL

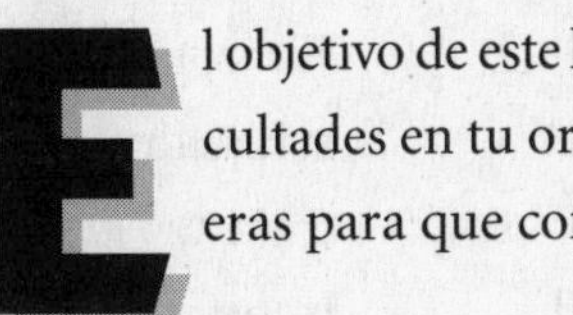

El objetivo de este libro es para tener control sobre tus propias dificultades en tu ortografía y vocabulario. Aquí hay algunas maneras para que continues trabajando en este objetivo:

- Si tu has conservado una lista de palabras derivadas de otras fuentes de lectura, pídele a alguien que te dicte tu propia lista, teniéndo tu mismo que escribir y definir cada palabra.
- Si tu sólo haz conservado la lista de palabras de éstas lecciones, pídele a alguien te evalue con ellas. Elabora tarjetas de trabajo para las palabras que no recuerdes.
- Ten alguien que te evalue en la lista de palabras con problemas ortográficos. Escribe las palabras que olvidaste en tarjetas de trabajo.
- Estudia tus tarjetas de trabajo, en momentos al azar durante el día, durante una semana. Organízalas en orden alfabético o por categoría. Revisa cinco tarjetas al vez. Tu puedes mantener tus palabras en un cuaderno de notas pequeño, pero las tarjetas son mejores por distintas rezones:

  Tu puedes ordenar palabras alfabéticamente y por categorías más rápidamente.

  Se siente bien ver el tamaño del portatarjetas más pequeño cada día.

  Las tarjetas son portátiles. Tu puedes cargarlas facilmente en la bolsa de tu pantalón o en tu bolsa personal.

- Al final de la semana, pídele a alguien que te dicte todas las palabras que estudiaste. Elimina las palabras que ahora ya sabes escribir. Continua haciéndo esto cada semana hasta que hayas dominado todas las palabras que te eran difíciles y tengas vacio su recipiente.
- Obten un buen diccionario. Para referencia general en casa, un diccionario de "colegio" como *Webster's College Dictionary* (Random House) es una buena opción. Para traer cargando contigo será mejor uno pequeño como el Random House *Webster's Dictionary.*

Lista de Palabras Difíciles

Como muchos de los libros de vocabulario y ortografía, éste incluye una lista de palabras que presentan más problemas ortográficos o que son difíciles de escribir. A diferencia de muchas de esas listas, ésta es lo suficiente corta para ser estudiada eficientemente.

Junta en grupos de 5 o 7 palabras, aquellas que tu deseas estudiar y aprender. El repetir su estudio una y otra vez durante el tiempo, es lo que te ayudará a recordar en tu cabeza su significado.

absence
address
anxiety
arctic
beauty
bureau
cellular
circuit
colonel
commitment
cough
courteous
definitely
descend
dining
discipline
enthusiasm
excellent
existence
fascinate
feasible
flexible

guarantee
harass
hygienic
initial
jealous
jeopardy
justice
leisure
lieutenant
management
mnemonics
ninety
necessary
noticeable
occurred
official
omitted
parallel
perceive
pneumonia
principal
psychology

pursuit
questionnaire
queue
receipt
referred
salary
schedule
scissors
secession
seize
separate
solemn
souvenir
susceptible
sympathy
tragedy
transference
Tuesday
uniform
unique
vague
weird

Muchas, si no todas, de estas palabras deberán ser escritas en listas de trabajo, las cuales deberás usar el resto de tu vida para seguir mejorando tu vocabulario y ortografía.